LE
VERITABLE
St GENEST,
TRAGEDIE,
DE Mr
DE ROTROV.

A PARIS,
Chez TOVSSAINCT QVINET, au Palais, dans
la petite Salle, sous la montée de la Cour des Aydes.

M. DC. XXXXVIII.

Auec Priuilege du Roy.

Extraict du Priuilege du Roy.

PAR Grace & Priuilege du Roy, donné à Paris le 11. Mars 1647. Signé, Par le Roy en son Conseil, Le BRVN : Il est permis à Antoine de Sommauille, Marchand Libraire à Paris, d'imprimer ou faire imprimer vne Tragedie intitulée, *Le veritable S. Genest, de Monsieur de Rotrou*, & ce durant le temps & espace de cinq ans, à cõpter du iour que ledit Liure sera acheué d'imprimer ; & defenses sont faites à tous Libraires, Imprimeurs, & autres, d'en vendre ny distibuer d'autre impression que de celle qu'aura fait ou fait faire ledit Sommauille, à peine de cinq cens liures d'amende, ainsi qu'il est plus amplement porté par les Lettres cy-dessus dattées.

LEdit Sommauille a associé audit Priuilege Toussainct Quinet aussi Marchand Libraire à Paris, suiuant l'accord fait entr'eux.

Acheué d'imprimer pour la premiere fois le 26. May 1647.

Les Exemplaires ont esté fournis.

ACTEVRS·

DIOCLETIAN, Empereur.
MAXIMIN, Empereur.
VALERIE, Fille de Diocletian.
CAMILLE, Suiuante.
PLANCIEN, Prefect.
GENEST, Comedien.
MARCELE, Comedienᴇ
OCTAVE, Comedien.
SERGESTE, Comedien.
LENTVLE, Comedien.
ALBIN, Comedien.
DECORATEVR.
GEOLIER.

ADRIAN, representé par Genest.
NATALIE, par Marcele.
FLAVIE, par Sergeste.
MAXIMIN, par Octaue.
ANTHISME, par Lentule.
GARDE, par Albin.
GEOLIER.
Suitte de Soldats & Gardes.

LE
VERITABLE
Sᵗ GENEST,
TRAGEDIE.

ACTE I.
SCENE PREMIERE.

VALERIE, CAMILLE.

CAMILLE.

Voy, vous ne ſçauriez vaincre vne frayeur
ſi vaine ?
Un ſonge, vne vapeur, vous cauſent de
la peine !

A

A vous, sur qui le Ciel déployant ses Tresors,
Mit vn si digne Esprit, dans vn si digne Corps!

VALERIE.

Le premier des Cesars apprit bien que les songes
Ne sont pas toûjours faux, & toûjours des mensonges;
Et la force d'esprit, dont il fut tant vanté,
Pour l'auoir conseillé, luy coûta la clarté.
Le Ciel, comme il luy plaist, nous parle sans obstacle;
S'il veut, la voix d'vn songe est celle d'vn Oracle;
Et les songes, sur tout, tant de fois repetez,
Ou toûjours, ou souuent, disent des veritez.
Déja cinq ou six nuits, à ma triste pensee,
Ont de ce vil Hymen la vision tracée,
M'ont fait voir vn Berger, auoir assez d'orgueil,
Pour pretendre à mon lict, qui seroit mon cercueil;
Et l'Empereur mon Pere, auec violence,
De ce presomptueux appuyer l'insolence;
Ie puis, s'il m'est permis, & si la verité
Dispense les Enfans à quelque liberté,
De sa mauuaise humeur, craindre vn mauuais office;
Ie connois son amour, mais ie crains son caprice;
Et voy qu'en tout rencontre il suit aueuglement
La boüillante chaleur d'vn premier mouuement;

Sceut-il confiderer, pour fon propre Hymenée,
Sous quel joug il baiffoit fa tefte Couronnée,
Quand Empereur il fit fa Couche & fon Eftat,
Le prix de quelques pains, qu'il emprunta foldat,
Et par vne foibleffe, à nulle autre feconde,
S'affocia ma Mere à l'Empire du Monde?
Depuis, Rome fouffrit, & ne reprouua pas
Qu'il commit vn Alcide, au fardeau d'vn Atlas,
Qu'on vit fur l'Vniuers deux teftes Souueraines,
Et que Maximian en partagea les refnes:
Mais pourquoy pour vn feul tant de Maiftres diuers,
Et pourquoy quatre Chefs au corps de l'Vniuers?
Le choix de Maximin, & celuy de Conftance,
Eftoient-ils à l'Eftat de fi grande importance,
Qu'il en dût receuoir beaucoup de fermeté,
Et ne pût fubfifter fans leur auctorité?
Tous deux diferemment, alterent fa memoire,
L'vn par fa nonchalance, & l'autre par fa gloire;
Maximin, acheuant tant de geftes Guerriers,
Semble, au front de mon Pere, en voler les Lauriers;
Et Conftance fouffrant qu'vn ennemy l'affronte,
Deffus fon mefme front en imprime la honte;
Ainfi, ny dans fon bon., ny dans fon mauuais choix,
D'vn confeil raifonnable, il n'a fuiuy les loix;
Et déterminant tout, au gré de fon caprice,
N'en preuoit le fuccez, ny craint le prejudice.

CAMILLE.

Vous prenez trop l'allarme, & ce raisonnement
N'est point à vostre crainte, vn juste fondement :
Quand Diocletian éleua vostre Mere
Au degré le plus haut que l'Vniuers reuere,
Son rang, qu'il partageoit, n'en deuint point plus bas,
Et luy faisant monter, il n'en décendit pas ;
Il pût concilier son honneur & sa flâme,
Et choisy par les siens, se choisir vne femme ;
Quelques associez qui regnent auecque luy,
Il est de ses Estats le plus solide appuy ;
S'ils sont les Matelots de cette grande flotte,
Il en tient le timon, il en est le Pilote,
Et ne les associe à des emplois si hauts,
Que pour voir des Cesars au rang de ses vassaux :
Voyez comme vn fantôme, vn songe, vne chimere,
Vous fait mal expliquer les mouuemens d'vn Pere ;
Et qu'vn trouble importun vous naist mal à propos,
D'où doit si justement naistre vostre repos.

VALERIE.

Ie ne m'obstine point d'vn effort volontaire
Contre tes sentimens, en faueur de mon Pere ;
Et contre vn Pere, enfin, l'Enfant a toûjours tort :
Mais me répondras-tu des caprices du sort ?

Ce Monarque insolent, à qui toute la Terre,
Et tous ses Souuerains, sont des jouets de verre,
Prescrit-il son pouuoir? & quand il en est las,
Comme il les a formez, ne les brise-t'il pas?
Peut-il pas, s'il me veut dans vn estat vulgaire,
Mettre la Fille au poinct dont il tira la Mere,
Détruire ses faueurs par sa legereté,
Et de mon songe, enfin, faire vne veritè?
Il est vray que la mort, contre son inconstance,
Aux grands cœurs, au besoin, offre son assist. nce,
Et peut toûjours brauer son pouuoir insolent;
Mais, si c'est vn remede, il est bien violent.

CAMILLE.

La mort a trop d'horreur, pour esperer en elle;
Mais esperez au Ciel, qui vous a fait si belle;
Et qui semble influer, auecques la beauté,
Des marques de puissance, & de prosperité.

SCENE II.

VN PAGE, VALERIE, CAMILLE.

LE PAGE.

Madame.

VALERIE.

Que veux-tu?

LE PAGE.

L'Empereur qui m'enuoye
Sur mes pas, auec vous vient partager sa joye.

VALERIE.

Quelle?

LE PAGE.

L'ignorez-vous? Maximin, de retour
Des Païs reculez, où se leue le jour;
De leur rebellions, par son bras étoufées,
Aux pieds de l'Empereur apporte les trofées;
s'en va. Et de là se dispose à l'honneur de vous voir.

CAMILLE.

Sa valeur vous oblige à le bien receuoir.
Ne luy retenez pas le fruit de sa victoire;
Le plus grand des larcins, est celuy de la Gloire.

VALERIE.

Mon esprit agité d'vn secret mouuement,
De cette émotion, cherit le sentiment;

Et cet heur inconnu, qui flate ma penſée;
Diſſipe ma frayeur, & l'a preſque effacée;
Laiſſons noſtre conduitte à la bonté des Dieux.
O Ciel! qu'vn doux trauail m'entre au cœur par les Voyez
Maxim'
yeux!

SCENE III.

DIOCLETIAN, MAXIMIN, GARDES, SOLDATS, VALERIE, CAMILLE, PLANCIEN.

Il ſe fait
bruit de t
bours &
trompet

MAXIMIN baiſe les mains de Valerie.

DIOCLETIAN.

D Eſployés, Valerie, & vos traits & vos charmes;
Au vainqueur d'Orient, faites tōber les armes;
Par luy, l'Empire eſt calme, & n'a plus d'ennemis;
Soûmettez ce grand cœur, qui nous a tout ſoûmis;
Chargez de fers vn bras fatal à tant de teſtes,
Et faites ſa priſon, le prix de ſes conqueſtes.
Déja, par ſes exploits, il auoit merité
La part que ie luy fis, de mon authorité;

Et sa haute vertu, reparant sa naissance,
Luy fit, sur mes Subjets, partager ma puissance :
Aujourd'huy, que pour prix des pertes de son sang,
Je ne puis l'honorer d'vn plus illustre rang,
Ie luy dois mon sang mesme ; & luy donnant ma Fille,
Luy faits part de mes droicts, sur ma propre famille.
Ce present, Maximin, est encore au dessous
Du seruice important que i'ay receu de vous ;
Mais pour faire vos prix égaux à vos merites,
La Terre treuueroit ses bornes trop petites ;
Et vous auez rendu mon pouuoir impuissant,
Et rétraint enuers vous, ma force, en l'accroissant.

MAXIMIN.

La part que vos bontez m'ont fait prendre en l'Empire,
N'égale point, Seigneur, ces beaux fers où i'aspire ;
Tous les Arcs triomphans, que Rome m'a dressez,
Cedent à la prison que vous me bâtissez ;
Et de victorieux des bords que l'Inde laue,
I'accepte plus content, la qualité d'Esclaue ;
Que dépoüillant ce corps, vous ne prendrez aux Cieux
Le rang par vos vertus acquis entre les Dieux ;
Mais oser conceuoir cette insolente audace,
Est plustost meriter son mépris, que sa grace ;
Et quoy qu'ait fait ce bras, il ne m'a point acquis,
Ny ces titres fameux, ny ce renom exquis

Qui

Qui des extractions effacent la memoire,
Quant à sa vertu seule, il faut deuoir sa gloire;
Quelque insigne aduantage, & quelque illustre rang,
Dont vous ayez couuert le defaut de mon sang;
Quoy que l'on dißimule, on pourra toûjours dire,
Qu'vn Berger est aßis au Trône de l'Empire;
Qu'autresfois mes Palais ont esté des Hameaux,
Que qui gouuerne Rome, a conduit des Troupeaux;
Que pour prendre le fer, i'ay quitté la Houlette;
Et qu'enfin vostre ouurage est vne œuure imparfaite.
Puis je auec ce defaut, non encor reparé,
M'approcher d'vn objet digne d'estre adoré?
Esperer de ses vœux les glorieuses marques?
Pretendre d'étouffer l'espoir de cent Monarques?
Paßer ma propre attente? & me faire des Dieux,
Sinon des ennemis, au moins des enuieux?

DIOCLETIAN.

Suffit que c'est mon choix, & que i'ay connoißance
Et de vostre personne & de vostre naißance;
Et que si l'vne enfin n'admet vn rang si haut,
L'autre, par sa vertu, repare son defaut,
Supplée à la Nature, éleue sa baßeße,
Se reproduit soy-mesme, & forme sa nobleße;
A combien de Bergers les Grecs & les Romains
Ont-ils pour leur vertu veu des Sceptres aux mains?

B

L'Histoire des grands cœurs, la plus chere esperance,
Que le temps traicte seule auecques reuerence,
Qui ne redoutant rien, ne peut rien respecter,
Qui se produit sans fard, & parle sans flater,
N'a-t'elle pas cent fois publié la loüange
De gens que leur merite a tirez de la fange?
Qui par leur industrie ont leurs noms éclaircis,
Et sont montez au rang où nous sommes assis?
Cyrés, Semiranis, sa fameuse aduersaire,
Noms, qu'encor aujourd'huy la memoire reuere,
Lycaste, Parrasie, & mille autres diuers,
Qui dans les premiers temps ont regy l'Vniuers;
Et recemment encor dans Rome, Vitellie,
Gordian, Pertinax, Macrin, Probe, Aurelie,
N'y sont-ils pas montez? & fait de mesmes mains
Des reigles aux Troupeaux, & des loix aux Humains;
Et moy-mesme, enfin moy, qui de naissance obscure
Dois mon Sceptre à moy-mesme, & rien à la Nature,
N'ay-je pas lieu de croire en cet illustre rang
Le merite dans l'homme, & non pas dans le sang?
D'auoir, à qui l'accroist fait part de ma puissance,
Et choisi la personne, & non pas la naissance?
Vous, cher fruict de mon lict, beau prix de ses exploits,
Si ce front n'est menteur, vous approuuez mon choix;
Et tout ce que l'Amour, pour marque d'allegresse,
Sur le front d'vne Fille Amante, mais Princesse,

Valerie.

Y fait voir sagement que mon election
Se treuue vn digne objet de vostre passion.

VALERIE.

Ce choix estant si rare, & venant de mon pere,
Mon goust seroit mauuais, s'il s'y treuuoit contraire;
Oüy Seigneur, ie l'approuue, & benis le Destin,
D'vn heureux accident que i'ay craint ce matin.
Mon songe est expliqué; i'épouse en ce grand Homme
Vn Berger, il est vray, mais qui commande à Rome;
Le songe m'effrayoit, & i'en cheris l'effet,
Et ce qui fut ma peur, est enfin mon souhait.

MAXIMIN luy baisant la main.

O fauorable arrest, qui me comble de gloire,
Et fait de ma prison, ma plus digne victoire!

CAMILLE.

Ainsi souuent le Ciel conduit tout à tel poinct,
Que ce qu'on craint arriue, & qu'il n'afflige point;
Et que ce qu'on redoute est enfin ce qu'on aime.

B ij

SCENE IV.

VN PAGE, DIOCLETIAN, MAXIMIN, VALERIE, CAMILLE, GARDES, SOLDATS, PLANCIEN.

LE PAGE.

Genest attend, Seigneur, dans vn desir extréme,
De s'acquitter des vœux deubs à vos Majestez.

DIOCLETIAN.

Qu'il entre.

I soit.

CAMILLE à Valerie.

Il manquoit seul à vos prosperitez;
Et quel que soit vostre heur, son art, pour le parfaire,
Semble en quelque façon vous estre necessaire.
Madame, obtenez-nous ce diuertissement,
Que vous mesme estimez, & treuuez si charmant.

SCENE V.

GENEST, DIOCLETIAN, MAXIMIN, PLANCIEN, VALERIE, CAMILLE, GARDES, SOLDATS.

GENEST.

SI parmy vos Sujets, vne abjecte fortune,
Permet de partager l'allegreſſe commune,
Et de contribuer en ces communs deſirs,
Sinon à voſtre gloire, au moins à vos plaiſirs;
Ne deſapprouuez pas, ô genereux Monarques,
Que noſtre affection vous produiſe ſes marques;
Et que mes Compagnons, vous offrent par ma voix,
Non des Tableaux parlans de vos rares exploicts,
Non cette ſi celebre & ſi fameuſe Hiſtoire,
Que vos heureux ſuccés laiſſent à la Memoire,
(Puis que le Peuple Grec, non plus que le Romain,
N'a point pour les tromper vne aſſez docte main:)
Mais quelque effort au moins, par qui no' puiſſiõs dire,
Vous auoir delaſſez du grand faix de l'Empire,
Et par ce que noſtre Art aura de plus charmant,
Auoir à vos grands ſoins rauy quelque moment.

DIOCLETIAN.

Genest, ton soin m'oblige, & la ceremonie
Du beau jour où ma Fille à ce Prince est vnie,
Et qui met nostre joye en vn degré si haut,
Sans vn traict de ton Art, auroit quelque defaut.
Le Theatre aujourd huy fameux par ton merite,
A ce noble plaisir puissamment sollicite;
Et dans l'estat qu'il est, ne peut sans estre ingrat,
Nier de deuoir son plus brillant éclat :
Auec confusion i'ay veu cent fois tes feintes,
Me liurer malgré moy de sensibles attaintes;
En cent sujets diuers, suiuant tes mouuements,
I'ay receu de tes feux de vrais ressentiments;
Et l'Empire absolu que tu prends sur vne ame,
M'a fait cent fois de glace, & cent autres de flâme :
Par ton Art les Heros plustost ressuscitez,
Qu'imitez en effet, & que representez,
Des cent & des mil ans apres leurs funerailles,
Font encor des progrez, & gagnent des batailles,
Et sous leurs noms fameux establissent des Loix;
Tu me fais en toy seul Maistre de mille Rois.
Le Comique, où ton Art également succede,
Est contre la tristesse vn si present remede,
Qu'vn seul mot, (quand tu veux,) vn pas, vne action,
Ne laisse plus de prise à cette passion,

Et par vne foudaine, & fenfible merueille,
Jette la joye au cœur, par l'œil ou par l'oreille.

GENEST.

Cette gloire, Seigneur, me confond à tel poinct...

DIOCLETIAN.

Croy qu'elle eft legitime, & ne t'en defends point.
Mais paffons aux Autheurs, & dy nous quel ouurage
Aujourd'huy dans la Scene a le plus haut fuffrage,
Quelle plume eft en regne, & quel fameux Efprit
S'eft acquis dans le Cirque vn plus iufte credit.

GENEST.

Les goufts font diferends, & fouuent le caprice
Eftablit ce credit, bien plus que la Iuftice.

DIOCLETIAN.

Mais entr'autres encor, qui l'emporte, en ton fens?

GENEST.

Mon gouft, à dire vray, n'eft point pour les recents;
De trois ou quatre au plus, peut-eftre la Memoire
Iufqu'aux fiecles futurs, conferuera la gloire ;
Mais de les égaler à ces fameux Autheurs,
Dont les derniers des temps feront adorateurs.

S. GENEST,

19

Et de voir leurs trauaux, auec la reuerence
Dont ie voy les escrits d'vn Plaute & d'vn Terence,
Et de ces doctes Grecs, dont les rares brillans
Font qu'ils viuent encor si beaux apres mil ans,
Et dont l'estime enfin ne peut estre effacée,
Ce seroit vous mentir, & trahir ma pensée.

DIOCLETIAN.

Ie sçay qu'en leurs escrits, l'Art & l'Inuention,
Sans doute, ont mis la Scene en sa perfection;
Mais ce que l'on a veu, n'a plus la douce amorce,
Ny le vif aiguillon, dont la nouueauté force;
Et ce qui surprendra nos esprits & nos yeux,
Quoy que moins acheué, nous diuertira mieux.

GENEST,

Nos plus nouueaux sujets, les plus dignes de Rome,
Et les plus grãds efforts des veilles d'vn grãd Homme,
A qui les rares fruicts que la Muse produit,
Ont acquis dans la Scene vn legitime bruit;
(Et de qui certes l'Art, comme l'estime est iuste,)
Portent les Noms fameux de Pompée & d'Auguste;
Ces Poëmes sans prix, où son illustre main,
D'vn pinceau sans pareil a peint l'esprit Romain,
Rendront de leurs beautez vostre oreille idolatre,
Et sont aujourd'huy l'ame & l'amour du Theatre.

VALERIE.

VALERIE.

J'ay sceu la haute estime où l'on les a tenus,
Mais leurs sujets enfin sont des sujets connus ;
Et quoy qu'ils ayent de beau, la plus rare merueille,
Quand l'esprit la connoit, ne surprend plus l'oreille ;
Ton Art est toûjours mesme, & tes charmes égaux,
Aux sujets anciens, aussi bien qu'aux nouueaux ;
Mais on vante sur tout, l'inimitable adresse,
Dont tu feints d'vn Chrestien le zele & l'allegresse,
Quand le voyant marcher du Baptesme au trepas,
Il semble que les feux soient des fleurs sous tes pas.

MAXIMIN.

L'épreuue en est aisée.

DIOCLETIAN.

Elle sera sans peine,
Si vostre Nom, Seigneur, nous est libre en la Scene ;
Et la mort d'Adrian, l'vn de ces obstinez,
Par vos derniers Arrests n'agueres condamnez,
Vous sera figurée auec vn art extréme,
Et si peu different de la verité méme,
Que vous nous auoüerez, de cette liberté,
Où Cesar à Cesar sera representé ;
Et que vous douterez, si dans Nicomedie,
Vous verrez l'effet mesme, ou bien la Comedie.

C

MAXIMIN.

Oüy, croy qu'auec plaisir ie seray spectateur
En la mesme action dont ie seray l'Acteur.
Va, prepare vn effort digne de la journée,
Où le Ciel m'honorant d'vn si juste Hymenée,
Met (par vne auanture incroyable aux Neueux)
Mon bon-heur & ma gloire, au dessus de mes vœux.

Fin du Premier Acte.

ACTE II·
SCENE PREMIERE·

LE THEATRE S'OVVRE.

GENEST s'habillant, & tenant son Roole, consi-
dere le Theatre, & dit au Decorateur.

GENEST.

IL est beau; mais encor, auec peu de dépense,
Vous pouuiez adjoûter à sa magnificence;
N'y laisser rien d'aueugle, y mettre plus de jour,
Donner plus de hauteur aux trauaux d'alentour,
En marbrer les dehors, en jasper les colomnes,
Enrichir leurs timpans, leurs scimes, leurs couronnes,
Mettre en vos coloris plus de diuersité,
En vos carnations plus de viuacité,
Drapper mieux ces habits, reculer ces paysages,
Y lancer des jets d'eau, renfondrer leurs ombrages;

C ij

Et fur tðut, en la toile où vous peignez vos Cieux,
Faire vn jour naturel, au jugement des yeux;
Au lieu que la couleur m'en femble vn peu meurtrie.

LE DECORATEVR.

Le temps nous a manqué, plûtoft que l'induftrie;
Ioint qu'on voit mieux de loin ces racourciffemens,
Ces corps fortant du plan de ces refondremens;
L'approche à ces deffeins ofte leurs perfpeEtiues,
En côfödtles faux jours, rēd leurs couleurs moins viues,
Et comme à la Nature, eft nuifible à noftre Art,
A qui l'éloignement femble apporter du fard.
La grace vne autrefois y fera plus entiere.

GENEST.

Le temps nous preffe, allez, preparez la lumiere.

SCENE II.

GENEST feul, fe promenant, & lifant fon Roole, dit
comme en repaffant, & acheuant de s'habiller.

NE delibere plus, Adrian, il eft temps;
De fuiure auec ardeur ces fameux combattans

Si la gloire te plaiſt, l'occaſion eſt belle,
La querelle du Ciel à ce combat t'appelle;
La torture, le fer, & la flâme t'attend,
Offre à leurs cruautez un cœur ferme & conſtant;
Laiſſe à de lâches cœurs verſer d'indignes larmes,
Tendre aux Tyrans les mains, & mettre bas les armes;
Toy, rends la gorge au fer, vois-en couler ton ſang,
Et meurs, ſans t'ebranler, debout, & dans ton rang.

Il repete encor ces quatre derniers vers.

Laiſſe à de lâches cœurs, &c.

SCENE III.

MARCELE acheuant de s'habiller, & tenant
ſon Roole.

Dieux! comment en ce lieu faire la Comedie?
De combien d'importuns i'ay la teſte étourdie!
Combien à les oüyr, ie faits de languiſſans!
Par combien d'attentats i'entreprends ſur les ſens!
Ma voix rendroit les bois & les rochers ſenſibles;
Mes plus ſimples regards ſont des meurtres viſibles:

Ie foule autant de cœurs, que ie marche de pas;
La Trouppe, en me perdant, perdroit tous ses appas;
Enfin, s'ils disent vray, i'ay lieu d'estre bien vaine;
De ces faux Courtisans, toute ma Loge est plaine;
Et lasse au dernier poinct d'entendre leurs douceurs.
Ie les en ay laissez absolus possesseurs;
Ie crains plus que la mort cette engeance Idolatre,
De Lutins importuns, qu'engendre le Theatre;
Et que la qualité de la profession,
Nous oblige à souffrir auec discretion.

GENEST.

Outre le vieil vsage où nous treuuons le Monde,
Les vanitez encor, dont vostre sexe abonde,
Vous font auec plaisir supporter cet ennuy,
Par qui tout vostre temps deuient le temps d'autruy.
Auez vous repassé cet endroit pathetique,
Où Flauie en sortant vous donne la replique?
Et vous souuenez-vous qu'il s'y faut exciter?

MARCELE luy baillant son Roole.

I'en prendray vostre aduis, oyez moy reciter.

Elle repete.

I'oze à present, ô Ciel, d'vne veuë asseurée,
Contempler les brillans de ta voûte aZurée;

Et nier ces faux Dieux, qui n'ont iamais foulé
De ce Palais roulant, le lambris étoillé ;
A ton pouuoir, Seigneur, mon Espoux rend hommage !
Il professe ta foy, ses fers t'en sont vn gage ;
Ce redoutable fleau des Dieux sur les Chrestiens,
Ce Lyon alteré du sacré sang des tiens,
Qui de tant d'innocens crût la mort legitime,
De Ministre qu'il fut, s'offre enfin pour victime,
Et patient Agneau, tend à tes ennemis,
Vn Col à ton sainct joug heureusement soûmis.

GENEST.

Outre que dans la Cour que vous auez charmée,
On sçait que vostre estime est assez confirmée ;
Ce recit me surprend, & vous peut acquerir
Vn renom au Theatre, à ne iamais mourir.

MARCELE.

Vous en croyez bien plus, que ie ne m'en presume.

GENEST.

Elle r'entr

La Cour viendra bien-tost, commandez qu'on allume.

SCENE IV.

GENEST seul, repassant son Roole, & se promenant.

IL seroit, *Adrian*, honteux d'estre vaincu ;
Si ton Dieu veut ta mort, c'est deja trop vescu ;
J'ay veu, *Ciel*, tu le sçais, par le nombre des ames
Que i'osay t'enuoyer, par des chemins de flames,
Dessus les grils ardents, & dedans les taureaux,
Chanter les condamnez, & trembler les bourreaux.

Il repete ces quatre vers.

J'ay veu, *Ciel*, tu le sçais, &c.

Et puis ayant vn peu resvé, & ne regardant plus son Roole, il dit.

Dieux, prenez contre moy ma defence & la vostre ;
D'effet, comme de nom, ie me treuue estre vn autre ;
Ie feints moins *Adrian*, que ie ne le deuiens,
Et prends auec son nom, des sentimens Chrestiens ;
Ie sçay (pour l'éprouuer) que par vn long étude,
L'art de nous transformer, nous passe en habitude ;
Mais il semble qu'icy, des veritez sans fard,
Passent, & l'habitude, & la force de l'art ;

Et

Et que Christ me propose vne gloire eternelle,
Contre qui ma defense est vaine & criminelle;
I'ay pour suspects, vos noms de Dieux & d'immortels;
Ie repugne aux respects qu'on rend à vos Autels;
Mon esprit à vos loix secrettement rebelle,
En conçoit vn mépris qui fait mourir son zele;
Et comme de profane, enfin sanctifié,
Semble se declarer, pour vn crucifié;
Mais où va ma pensée, & par quel priuilege
Presque insensiblement, passay-je au sacrilege?
Et du pouuoir des Dieux, perds-je le souuenir?
Il s'agit d'imiter, & non de deuenir.

Le Ciel s'ouure, auec des flâmes, & vne voix
s'entend, qui dit.

Poursuy Genest ton personnage,
Tu n'imiteras point en vain;
Ton salut ne dépend, que d'vn peu de courage,
Et Dieu t'y prestera la main.

GENEST étonné, continuë.

Qu'entends-je, juste Ciel; & par quelle merueille,
Pour me toucher le cœur, me frappes-tu l'oreille?
Souffle, doux & sacré, qui me viens enflâmer,
Esprit Sainct & Diuin, qui me viens animer,

D

Et qui me souhaittant, m'inspires le courage,
Trauaille à mon salut, acheue ton ouurage;
Guide mes pas douteux dans le chemin des Cieux;
Et pour me les ouurir, dessille moy les yeux.
Mais ô vaine creance, & friuole pensée,
Que du Ciel cette voix me doiue estre adressée!
Quelqu'vn s'apperceuant du caprice où i'estois,
S'est voulu diuertir par cette feinte voix,
Qui d'vn si prompt effet m'excite tant de flâme;
Et qui m'a penetré jusqu'au profond de l'ame.
Prenez, Dieux, contre Christ, prenez vostre party,
Dont ce rebelle cœur s'est presque départy;
Et toy, contre les Dieux, ô Christ, prens ta defense,
Puis qu'à tes loix, ce cœur fait encor resistance;
Et dans l'onde agitée où flottent mes esprits,
Terminez vostre guerre, & m'en faites le prix;
Rendez-moy le repos dont ce trouble me priue.

SCENE V.

LE DECORATEVR, venant allumer les chandelles.
GENEST.
LE DECORATEVR.

Hastez-vous, il est temps, toute la Cour arriue.

GENEST.

Allons; Tu m'as distrait d'vn Roole glorieux,
Que ie representois deuant la Cour des Cieux;
Et de qui l'action, m'est d'importance extréme,
Et n'a pas vn objet moindre que le Ciel mesme;
Preparons la Musique, & laissons les placer.

LE DECORATEVR s'en allant, ayant allumé.

Il repassoit son Roole, & s'y veut surpasser.

SCENE VI.

DIOCLETIAN, MAXIMIN, VALERIE, CAMILLE, PLANCIEN, SVITTE DE SOLDATS, GARDES.

VALERIE.

M Ongoust, quoy qu'il en soit, est pour la Tragedie;
L'objet en est plus haut, l'action plus hardie;
Et les pensers pompeux & plains de majesté,
Luy donnent plus de poids & plus d'auctorité.

MAXIMIN.

Elle l'emporte enfin, par les illustres marques,
D'exemple des Heros, d'ornement des Monarques,

D ij

De regle & de mesure à leurs affections,
Par ses euenemens, & par ses actions.

PLANCIEN.

Le Theatre aujourd'huy, superbe en sa structure,
Admirable en son Art, & riche en sa peinture,
Promet pour le sujet, de mesmes qualitez.

MAXIMIN.

Les effets en sont beaux, s'ils sont bien imitez.
Vous verrez vn des miens d'vne insolente audace,
Au mépris de la part qu'il s'acquit en ma grace,
Au mépris de ses jours, au mépris de nos Dieux,
Affronter le pouuoir de la Terre & des Cieux;
Et faire à mon amour succeder tant de haine,
Que bien loin d'en souffrir le spectacle auec peine,
Ie verray d'vn esprit tranquille & satisfait,
De son zele obstiné, le déplorable effet,
Et remourir ce traiftre apres sa sepulture,
Sinon en sa personne, au moins en sa figure.

DIOCLETIAN.

Pour le bien figurer, Genest n'oubliera rien;
Escoutons seulement, & tréue à l'entretien.

Vne voix chante auec vn Luth.
LA PIECE COMMENCE.

SCENE VII.

GENEST feul fur le Theatre éleué.
DIOCLETIAN, MAXIMIN, VALERIE,
CAMILLE, PLANCIEN, GARDES, affis.
Suitte de Soldats.

GENEST, fous le nom d'ADRIAN.

NE delibere plus, *Adrian, il eft temps,*
De fuiure auec ardeur ces fameux combattans;
Si la gloire te plaift, l'occafion eft belle;
La querelle du Ciel, à ce combat t'appelle;
La torture, le fer, & la flâme t'attend;
Offre à leurs cruautez, vn cœur ferme & conftant;
Laiße à de lâches cœurs verfer d'indignes larmes,
Tendre aux Tyräs les mains, & mettre bas les armes;
Toy, tends la gorge au fer, vois-en couler ton fang,
Et meurs, fans t'ébranler, debout, & dans ton rang.
La faueur de Cefar, qu'vn Peuple entier t'enuie,
Ne peut durer, au plus, que le cours de fa vie;
De celle de ton Dieu, non plus que de fes jours,
Iamais nul accident ne bornera le cours:

Déja de ce Tyran, la puiſſance irritée,
Si ton zele te dure, a ta perte arreſtée;
Il ſeroit, Adrian, honteux d'eſtre vaincu;
Si ton Dieu veut ta mort, c'eſt déja trop veſcu.
J'ay veu, Ciel, tu le ſçais, par le nombre des ames
Que i'oſay t'enuoyer, par des chemins de flames,
Deſſus les grils ardens, & dedans les Taureaux,
Chanter les condamnez, & trembler les Bourreaux;
J'ay veu tendre aux enfans vne gorge aſſeurée,
A la ſanglante mort qu'ils voyoient preparée;
Et tomber ſous le coup d'vn trépas glorieux,
Ces fruicts à peine éclos, déja murs pour les Cieux.
J'en ay veu, que le temps preſcrit par la Nature,
Eſtoit preſt de pouſſer dedans la ſepulture,
Deſſus les eſchaffauts preſſer ce dernier pas,
Et d'vn jeune courage, affronter le trepas;
J'ay veu mille beautez, en la fleur de leur âge,
A qui juſqu'aux Tyrans, chacun rendoit hommage,
Voir auecque plaiſir, meurtris & déchirez,
Leurs membres precieux, de tant d'yeux adorez;
Vous l'aués veu, mes yeux, & vo͞ craindriez ſa͞s hõte,
Ce que tout ſexe braue, & que tout âge affronte!
Cette vigueur, peut-eſtre, eſt vn effort humain?
Non, non, cette vertu, Seigneur, vient de ta main,
L'ame la puiſe au lieu de ſa propre origine,
Et comme les effets, la ſource en eſt Diuine.

C'eſt du Ciel que me vient cette noble vigueur,
Qui me fait des tourmens mépriſer la rigueur,
Qui me fait deffier les puiſſances humaines,
Et qui fait que mon ſang ſe déplaiſt dans mes veines;
Qu'il brûle d'arrouſer cet Arbre precieux,
Où pend pour nous le fruict le plus chery des Cieux.
J'ay peine à conceuoir ce changement extréme,
Et ſents que different, & plus fort que moy-méme,
l'ignore toute crainte; & puis voir ſans terreur,
La face de la Mort, en ſa plus noire horreur.
Vn ſeul bien que ie perds, la ſeule Natalie,
Qu'à mon ſort vn ſainct joug heureuſement allie,
Et qui de ce ſainct zele ignore le ſecret,
Parmy tant de ferueur, meſle quelque regret.
Mais que i'ay peu de cœur, ſi ce penſer me touche!
Si proche de la mort, i'ay l'amour en la bouche!

SCENE VIII.

FLAVIE, Tribun repreſenté par SERGESTE Comed.
ADRIAN, deux Gardes.

FLAVIE.

IE croy, cher Adrian, que vous n'ignoreZ pas
Quel important ſujet adreſſe icy mes pas;

Toute la Cour en trouble, attend d'estre éclaircie,
D'vn bruit, dont au Palais vostre estime est noircie,
Et que vous confirmez par vostre éloignement;
Chacun, selon son sens, en croit diuersement;
Les vns, que pour railler, cette erreur s'est semée,
D'autres, que quelque sort a vostre ame charmée,
D'autres, que le venin de ces lieux infectez,
Contre vostre raison, a vos sens reuoltez;
Mais, sur tout, de Cesar la croyance incertaine,
Ne peut ou s'arrester, ny s'asseoir, qu'auec peine.

ADRIAN.

A qui dois-je le bien de m'auoir dénoncé?

FLAVIE.

Nous estions au Palais, où Cesar empressé
De grand nombre des siens, qui luy vantoient leur zele,
A mourir pour les Dieux, ou vanger leur querelle.
Adrian, (a-t'il dit) d'vn visage remis,
Adrian leur suffit contre tant d'ennemis,
Seul, contre ces mutins, il soûtiendra leur cause;
Sur son vnique soin, mon esprit se repose:
Voyant le peu d'effet que la rigueur produit,
Laissons éprouuer l'Art, où la force est sans fruit;
Leur obstination s'irrite par les peines;
Il est plus de captifs, que de fers & de chaisnes:

Les

Les cachots trop étroits, ne les contiennent pas;
Les Haches & les Croix, sont lasses de trépas;
La Mort, pour la trop voir, ne leur est plus sauuage;
Pour trop agir contr'eux, le feu perd son vsage;
En ces horreurs enfin, le cœur manque aux Bourreaux,
Aux Iuges la constance, aux Mourans les trauaux;
La douceur est souuent vne inuincible amorce,
A ces cœurs obstinez, qu'on aigrit par la force.
Titian, à ces mots, dans la salle rendu,
Ha! s'est-il écrié, Cesar, tout est perdu;
La frayeur à ce cry, par nos veines s'étale,
Vn murmure confus se répand dans la salle.
Qu'est-ce, a dit l'Empereur, interdit & troublé,
Le Ciel s'est-il ouuert? le Monde a-t'il tremblé?
Quelque foudre lancé menasse-t'il ma teste?
Rome, d'vn étranger, est-elle la conqueste?
Ou quelque embrazement consomme-t'il ces lieux?
Adrian, a-t'il dit, pour Christ renonce aux Dieux.

ADRIAN.

Oüy sans doute, & de plus, à Cesar, à moy mesme,
Et soûmets tout, Seigneur, à ton pouuoir supreme.

FLAVIE.

Maximin à ce mot, furieux, l'œil ardent,
(Signes auant-coureurs d'vn funeste accident)

E

Pâlit, frappe du pied, fremit, deteste, tonne,
Comme defefperé, ne connoit plus perfonne,
Et nous fait voir au vif le gefte & la couleur
D'vn homme tranfporté d'amour & de douleur.
Et i'entends, Adrian, vanter encor fon crime?
De Cefar, de fon Maiftre, il paye ainfi l'eftime !
Et reconnoit fi mal qui luy veut tant de bien !

ADRIAN.

Qu'il ceffe de m'aimer, ou qu'il m'aime Chreftien.

FLAVIE.

Les Dieux, dont côme nous, les Monarques dépĕdent,
Ne le permettent pas, & les Loix le defendent.

ADRIAN.

C'eft le Dieu que ie fers, qui fait regner les Rois,
Et qui fait que la Terre en reuere les Loix.

FLAVIE.

Sa mort fur vn Gibet, marque fon impuiffance.

ADRIAN.

Dittes-mieux, fon amour & fon obeïffance.
FLAVIE.
Sur vne Croix, enfin.

ADRIAN.

Sur vn bois glorieux,
Qui fut moins vne Croix, qu'vne eschelle des Cieux.

FLAVIE.

Mais ce genre de mort, ne pouuoit estre pire.

ADRIAN.

Mais mourant, de la mort, il détruisit l'Empire.

FLAVIE.

L'Autheur de l'Vniuers entrer dans vn cercueil!

ADRIAN.

Tout l'Vniuers aussi s'en vit tendu de deüil. ;
Et le Ciel effrayé, cacha ses luminaires.

FLAVIE.

Si vous vous repaissez de ces vaines chimeres;
Ce mépris de nos Dieux, & de vostre deuoir,
En l'esprit de Cesar, détruira vostre espoir.

ADRIAN.

Cesar m'abandonnant, Christ est mon asseurance;
C'est l'espoir des mortels, dépouillez d'esperance.

E ij

FLAVIE.

Il vous peut mesme oster vos biens si precieux.

ADRIAN.

I'en seray plus leger, pour monter dans les Cieux.

FLAVIE.

L'indigence est à l'homme vn monstre redoutable.

ADRIAN,

Christ, qui fut Hõme & Dieu, nâquit dans vne étable;
Ie méprise vos biens, & leur fausse douceur,
Dont on est possedé, plûtost que possesseur.

FLAVIE.

Sa pieté l'oblige, autant que sa justice,
A faire des Chrestiens vn égal sacrifice.

ADRIAN.

Qu'il fasse, il tarde trop.

FLAVIE.

Que vostre repentir!

ADRIAN.

Non, non, mon sang, Flauie, est tout prest à sortir.

TRAGEDIE. 37

FLAVIE.

Si vous vous obstinez, vostre perte est certaine.

ADRIAN.

L'attente m'en est douce, & la menace vaine.

FLAVIE.

Quoy, vous n'ouurirez point l'oreille à mes aduis?
Aux soûpirs de la Cour, aux vœux de vos amis?
A l'amour de Cesar, aux cris de Natalie,
A qui si recemment vn si beau nœud vous lie?
Et vous voudriez souffrir, que dans cet accident,
Ce Soleil de beauté treuuat son occident?
A peine, depuis l'heure, à ce nœud destinée,
A-t'elle veu flamber les torches d'Hymenée;
Encor si quelque fruict de vos chastes amours,
Deuoit apres la mort perpetuer vos jours!
Mais vous voulez mourir auecque la disgrace,
Déteindre vostre Nom auecque vostre race,
Et suiuant la fureur d'vn aueugle transport,
Nous estre tout rauy, par vne seule mort!
Si vostre bon Genie attend l'heure opportune,
Sçauez-vous les emplois dont vous courez fortune?
L'espoir vous manque-t'il? & n'ozez vous songer,
Qu'auant qu'estre Empereur, Maximin fut Berger?

Pour peu que sa faueur vous puisse estre constante,
Quel defaut vous defend vne pareille attente?
Quel mépris obstiné des hommes & des Dieux,
Vous rend indifferents & la Terre & les Cieux?
Et comme si la mort, vous estoit souhaittable,
Fait que pour l'obtenir, vous vous rendez coupable;
Et vous faites Cesar & les Dieux ennemis?
Pesez-en le succez d'vn esprit plus remis;
Celuy n'a point peché, de qui la repentance
Témoigne la surprise, & suit de pres l'offence.

ADRIAN.

La grace dont le Ciel a touché mes esprits,
M'a bien persuadé, mais ne m'a point surpris;
Et me laissant toucher à cette repentance,
Bien loin de reparer, ie commettrois l'offence.
Allez, ny Maximin, courtois ou furieux,
Ny ce foudre qu'on peint en la main de vos Dieux,
Ny la Cour, ny le Trône, auec tous leurs charmes,
Ny Natalie enfin auec toutes ses larmes,
Ny l'Vniuers rentrant dans son premier cahos,
Ne diuertiroient pas vn si ferme propos.

FLAVIE.

Pesez bien les effets qui suiuront mes paroles.

ADRIAN.

Ils feront faus vertu, comme elles font friuoles.

FLAVIE.

Si raifon ny douceur ne vous peut émouuoir ;
Mon ordre va plus loin.

ADRIAN.

        Faites voftre deuoir.

FLAVIE.

C'eft de vous arrefter, & vous charger de chaines,
Si, comme ie vous dis, l'vne & l'autre font vaines.

ADRIAN prefentant fes bras aux fers, que les Gardes
luy attachent.

Faites ; ie receuray ces fardeaux precieux,
Pour les premiers prefens qui me viennent des Cieux ;
Pour de riches faueurs, & de fuperbes marques,
Du Cefar des Cefars, & du Roy des Monarques :
Et i'iray fans contrainte, où d'vn illuftre effort,
Les Soldats de Iefus triomphent de la mort.

Ils fortent
tous.

SCENE IX.

DIOCLETIAN, MAXIMIN, &c.

DIOCLETIAN.

EN cet Acte, Genest, à mon gré se surpasse.

MAXIMIN.

Il ne se peut rien feindre auecque plus de grace.

VALERIE se leuant.

L'intermede permet de l'en feliciter,
Et de voir les Acteurs.

DIOCLETIAN.

Il se faut donc hâter.

ACTE III.

ACTE III·
SCENE PREMIERE.

DIOCLETIAN, MAXIMIN, VALERIE,
CAMILLE, PLANCIEN,
Suitte de Gardes & de Soldats.

VALERIE, deſcendant du Theatre.

*Vel trouble! quel deſordre! & cōmēt sãs miracle,
No⁹ peuuēt-ils produire aucũ plaisãt ſpectacle?*

CAMILLE.

*Certes à voir entr'eux, cette confuſion,
L'ordre de leur recit, ſemble vne illuſion.*

MAXIMIN.

*L'art en eſt merueilleux, il faut que ie l'aduoüe;
Mais l'Acteur qui paroiſt eſt celuy qui me joüe;
Et qu'auec Geneſt, i'ay veu ſe concerter.
Voyons de quelle grace il ſçaura m'imiter.*

F

SCENE II.

MAXIMIN, repreſenté par Octaue Comed.
ADRIAN chargé de fers; FLAVIE,
Suite de Gardes & de Soldats.

MAXIMIN Acteur.

Sont-ce là les faueurs, traitre, ſont-ce les gages,
De ce maiſtre nouuau, qui reçoit tes hommages?
Et qu'au meſpris des droicts, & du culte des Dieux,
L'impieté Chreſtienne, oze placer aux Cieux?

ADRIAN.

La nouueauté, Seigneur, de ce Maiſtre des Maiſtres,
Eſt deuant tous les temps, & deuant tous les eſtres;
C'eſt luy, qui du neant a tiré l'Vniuers,
Luy, qui deſſus la terre a répandu les mers;
Qui de l'air eſtendit les humides contrées,
Qui ſema de brillants, les voûtes azurées,
Qui fit naiſtre la guerre entre les Elemens,
Et qui regla des Cieux, les diuers mouuemens.
La Terre, à ſon pouuoir, rend vn muet hommage,
Les Roys ſont ſes ſuiets, le Monde eſt ſon partage

Si l'onde est agitée, il la peut affermir ;
S'il querelle les vents, ils n'ozent plus fremir ;
S'il commande au Soleil, il arreste sa course ;
Il est Maistre de tout, comme il en est la source ;
Tout subsiste par luy, sans luy rien n'eut esté ;
De ce Maistre, Seigneur, voila la noũueauté.
Voyez si sans raison il reçoit mes hommages,
Et si sans vanité i'en puis porter les gages.
Oüy ces chaisnes, Cesar, ces fardeaux glorieux,
Sont aux bras d'un Chrestien, des presens precieux ;
Deuãt nous, ce cher Maistre en eut les mains chargées,
Au feu de son amour, il nous les a forgées ;
Loin de nous accabler, leur faix est nostre appuy,
Et c'est par ces chaisnons, qu'il nous attire à luy.

MAXIMIN Acteur.

Dieux ! à qui pourrons-nous nous confier sans crainte,
Et de qui nous promettre vne amitié sans feinte !
De ceux que la Fortune attache à nos costez ?
De ceux que nous auons moins acquis, qu'achetez ?
Qui sous des fronts soûmis cachent des cœurs rebelles ?
Que par trop de credit, nous rendons infidelles ?
O dure cruauté du destin de la Cour,
De ne pouuoir souffrir d'inuiolable amour !
De franchise sans fard, de vertu qu'offusquée,
De deuoir que contrains, ny de foy que masquée !

Qu'entreprends-je, chetif, en ces lieux écartez,
Où Lieutenant des Dieux, juftement irritez,
Ie faits d'vn bras vengeur éclatter les tempeftes,
Et pourfuy des Chreftiens, les facrileges teftes!
Si tandis que i'en prends vn inutile foin,
Ie voy naiftre chez moy, ce que ie fuy fi loin;
Ce que i'extirpe icy, dans ma Cour prend racine,
I'éleue aupres de moy, ce qu'ailleurs i'extermine;
Ainfi noftre fortune, auec tout fon éclat,
Ne peut (quoy qu'elle faffe) acheter vn ingrat.

ADRIAN.

Pour croire vn Dieu, Seigneur, la liberté de croire,
Eft-elle en voftre eftime vne action fi noire ?
Si digne de l'excés où vous vous emportez,
Et fe peut-il fouffrir de moindres libertez ?
Si jufques à ce jour vous auez crû ma vie,
Inacceßible mefme aux affauts de l'enuie;
Et fi les plus cenfeurs ne me reprochent rien,
Qui m'a fait fi coupable, en me faifant Chreftien ?
Chrift reprouue la fraude, ordonne la franchife,
Condamne la richeffe, injuftement acquife;
D'vne illicite amour, defend l'acte innocent,
Et de tremper fes mains dans le fang innocent;
Treuuez-vous en ces Loix aucune ombre de crime,
Rien de honteux aux fiens, & rien d'illegitime ?

I'ay contr'eux éprouué tout ce qu'eut pû l'Enfer,
J'ay veu couler leur sang sous des ongles de fer;
J'au veu boüillir leur corps dans la poids & les flâmes,
I'ay veu leur chair tomber sous de flambantes lames;
Et n'ay rien obtenu de ces cœurs glorieux,
Que de les auoir veus pousser des chants aux Cieux,
Prier pour leurs Bourreaux au fort de leur martyre,
Pour vos prosperiiez, & pour l'heur de l'Empire.

MAXIMIN Acteur.

Insolent, est-ce à toy de te choisir des Dieux?
Les miens, ceux de l'Empire, & ceux de tes ayeux,
Ont-ils trop foiblement établi leur puissance,
Pour t'arrester au joug de leur obeïssance?

ADRIAN.

Je cherche le salut, qu'on ne peut esperer
De ces Dieux de metail, qu'on vous voit adorer.

MAXIMIN Acteur.

Le tien, si cette humeur s'obstine à me déplaire,
Te garentira mal des traits de ma colere,
Que tes impietez attireront sur toy.

ADRIAN.

I'en pareray les coups, du bouclier de la Foy.

MAXIMIN Acteur.

Crains de voir, & bien-toſt, ma faueur negligée,
Et l'injure des Dieux cruellement vengée;
De ceux que par ton ordre on a veus dechirez,
Que le fer a meurtris, & le feu deuorez,
Si tu ne diuertis la peine où tu t'expoſes,
Les plus cruels tourmens n'auront eſté que Roſes.

ADRIAN.

Nos corps eſtans peris, nous eſperons qu'ailleürs
Le Dieu que nous ſeruons, nous les rendra meilleurs.

MAXIMIN Acteur.

Traiſtre, iamais ſommeil n'enchantera mes peines,
Que ton perfide ſang, épuiſé de tes veines,
Et ton cœur ſacrilege, aux corbeaux expoſé,
N'ait rendu de nos Dieux le courroux appaiſé.

ADRIAN.

La mort dont ie mouray, ſera digne d'enuie,
Quand ie perdray le jour pour l'Autheur de la vie.

MAXIMIN Acteur.

Allez, dans vn cachot accablez-le de fers,
Raſemblez tous les maux que ſa ſecte a ſouffers.

Et faites à l'enuy, contre cet infidelle.

ADRIAN.

Dittes ce conuerty.

MAXIMIN Acteur.

Paroistre voftre zele ;
Imaginez, forgez ; le plus induftrieux,
A le faire souffrir, fera le plus pieux ;
I'emploiray ma Juftice, où ma faueur eft vaine ;
Et qui fuit ma faueur, éprouuera ma haine.

ADRIAN s'en allant..

Comme ie te foûtiens, Seigneur, fois mon foûtien,
Qui commence à fouffrir, commence d'eftre tien.

Flauie en
maine Adr
auec des
Gardes.

SCENE III.

MAXIMIN Acteur. GARDES.

MAXIMIN Act.

Dieux ! vous auez vn foudre, & cette felonnie
Ne le peut allumer, & demeure impunie !

Vous conseruez la vie, & laissez la clarté
A qui vous veut rauir vostre immortalité!
A qui contre le Ciel soûleue vn peu de terre,
A qui veut de vos mains arracher le tonnerre,
A qui vous entreprend & vous veut détrôner,
Pour vn Dieu qu'il se forge, & qu'il veut couronner.
Inspirez-moy, grāds Dieux! inspirez moy des peines,
Dignes de mon couroux, & dignes de vos haines,
Puis qu'à des attentats de cette qualité,
Un supplice commun, est vne impunité.

SCENE IV.

FLAVIE ramenant Adrian à la prison, ADRIAN,
LE GEOLIER, GARDES.

FLAVIE au Geolier.

L'Ordre exprés de Cesar le commet en ta garde.

LE GEOLIER.

Le vostre me suffit, & ce soin me regarde.

SCENE V.

SCENE V.

NATALIE, FLAVIE, ADRIAN, LE GEOLIER.

NATALIE.

O Nouuelle trop vraye! est-ce là mon Espoux?

FLAVIE.

Nostre dernier espoir ne consiste qu'en vous;
Rendez-le nous à vous, à Cesar, à luy-mème.

NATALIE.

Si l'effet n'en dépend que d'vn desir extréme.....

FLAVIE.

Ie vais faire esperer cet heureux changement;
Voyez-le.

ADRIAN.

Tais-toy femme, & m'écoute vn moment.
Par l'vsage des Gents, & par les Loix Romaines,
La demeure, les biens, les delices, les peines,

G

Tout espoir, tout profit, tout humain interest,
Doiuent estre communs, à qui la couche l'est;
Mais que comme la vie, & comme la Fortune,
Leur creance toûjours leur doiue estre commune;
D'étendre jusqu'aux Dieux cette communauté;
Aucun droict n'établit cette necessité.
Supposons toutesfois que la Loy le desire,
Il semble que l'Espoux, comme ayant plus d'Empire,
Ait le droict le plus juste, ou le plus specieux,
De prescrire chez soy le culte de ses Dieux.
Ce que tu vois enfin, ce corps chargé de chaisnes,
N'est l'effet ny des Loix, ny des raisons humaines;
Mais dequoy des Chrestiens i'ay reconnu le Dieu,
Et dit à vos Autels un eternel adieu.
Ie l'ay dit, ie le dis, & trop tard pour ma gloire,
Puis qu'enfin ie n'ay crû, qu'estant forcé de croire;
Qu'apres les auoir veus, d'un visage serain,
Pousser des chàts aux Cieux dàs des taureaux d'airain;
D'un souffle, d'un regard, jetter vos Dieux par terre,
Et l'argille & le bois, s'en briser comme verre;
Ie les ay combattus, ces effets m'ont vaincu;
I'ay reconnu par eux l'erreur où i'ay vescu;
I'ay veu la verité, ie la suy, ie l'embrasse;
Et si Cesar pretend par force, par menasse,
Par offres. par conseil, ou par allechemens,
Et toy, ny par soûpirs, ny par embrassemens,

Esbranler vne foy si ferme & si constante,
Tom deux vous vous flattez d'vne inutile attente.
Reprens sur ta franchise vn Empire absolu,
Que le nœud qui nous joint, demeure resolu;
Vesue dés à present, par ma mort prononcée,
Sur vn plus digne objet, adresse ta pensee;
Ta jeunesse, tes biens, ta vertu, ta beauté,
Te feront mieux treuuer, que ce qui t'est osté.
Adieu; Pourquoy (cruelle à de si belles choses)
Noyes-tu de tes pleurs ces œillets & ces roses?
Bien-tost, bien-tost le sort, qui t'oste ton Espoux,
Te fera respirer sous vn Hymen plus doux.
Que fais-tu? tu me suis! quoy tu m'aimes encore?
O si de mon desir l'effet pouuoit éclore;
Ma sœur, (c'est le seul nom dont ie te puis nommer)
Que sous de douces Loix nous nous pourrions aymer! *L'embras-*
Tu sçaurois que la mort, par qui l'ame est rauie, *sant.*
Est la fin de la mort, plustost que de la vie!
Qu'il n'est amour ny vie en ce terrestre lieu,
Et qu'on ne peut s'aimer, ny viure qu'auec Dieu.

                    NATALIE l'embrassant.

O d'vn Dieu tout puissant, merueilles souueraines!
Laisse moy, cher Espoux, prendre part en tes chaisnes!
Et si ny nostre Hymen, ny ma chaste amitié,
Ne m'ont assez acquis le nom de ta moitié,

Permets que l'alliance enfin s'en accomplisse,
Et que Christ de ces fers, aujourd'huy nous unisse.
Croy qu'il seront pour moy, d'indissolubles nœuds,
Dont l'étrainte en toy seul sçaura borner mes vœux.

ADRIAN.

O Ciel! ô Natalie! ah! saincte flâme,
Ie r'allume mes feux, & reconnois ma femme;
Puis qu'au chemin du Ciel, tu veux suiure mes pas,
Sois mienne, chere Espouse, au dela du trépas.
Que mes vœux, que ta foy; mais tire-moy de peine,
Ne me flattay-je point d'vne creance vaine?
D'où te vient le beau feu qui t'échauffe le sein?
Et quand as-tu conceu ce genereux dessein?
Par quel heureux motif?

NATALIE.

Ie te vais satisfaire.
Il me fut inspiré, presque aux flancs de ma mere;
Et presque en mesme instant le Ciel versa sur moy
La lumiere du jour, & celle de la Foy.
Il fit qu'auec le laict, pendante à la mammelle,
Ie succçay des Chrestiens la creance & le zele;
Et ce zele, auec moy, crût jusqu'à l'heureux jour,
Que mes yeux, sans dessein, m'acquirent ton amour.
Tu sçais, s'il t'en souuient, de quelle resistance
Ma mere, en cette amour, combattit ta constance;

Non qu'vn si cher party ne nous fut glorieux,
Mais pour sa repugnance au culte de tes Dieux;
De Cesar toutefois, la supréme puissance,
Obtint ce triste aduen de son obeïssance;
Ses larmes seulement marquerent ses douleurs,
Car qu'est-ce qu'vne Esclaue a de plus, que des pleurs?
Enfin le iour venu, que ie te fus donnée,
Va, me dit-elle à part, va fille imfortunée,
Puis qu'il plaist à Cesar; mais sur tout souuien-toy,
D'estre fidelle au Dieu, dont nous suiuons la Loy,
De n'adresser qu'à luy tes vœux, ny tes prieres,
De renoncer au jour, plûtost qu'à ses lumieres,
Et detester autant les Dieux de ton Espoux,
Que ses chastes baisers te doiuent estre doux.
Au defaut de ma voix, mes pleurs luy répondirent,
Tes gens dedans ton Char aussi-tost me rendirent,
Mais l'esprit si remply de cette impression,
Qu'à peine eus-je des yeux pour voir ta passion;
Et qu'il fallut du temps pour ranger ma franchise,
Au poinct où ton merite à la fin l'a soûmise.
L'œil qui voit dãs les cœurs clair comme dãs les Cieux,
Sçait quelle auersion i'ay depuis pour tes Dieux;
Et depuis nostre Hymen, iamais le culte impie,
(Si tu l'as obserué) ne m'a cousté d'Hostie;
Iamais sur leurs Autels mes encens n'ont fumé;
Et lors que ie t'ay veu de fureur enflâmé,

Y faire tant offrir d'innocentes victimes,
J'ay souhaitté cent fois de mourir pour tes crimes;
Et cent fois vers le Ciel, témoin de mes douleurs,
Poussé pour toy des vœux, accompagnez de pleurs.

ADRIAN.

Enfin ie reconnois, ma chere Natalie,
Qe ie dois mon salut au sainct nœud qui nous lie;
Permets moy toutesfois de me plaindre à mon tour,
Me voyant te cherir d'vne si tendre amour,
Y pouuois-tu répondre, & me tenir cachée
Cette celeste ardeur, dont Dieu t'auoit touchée?
Peux-tu, sans t'émouuoir, auoir veu ton Espoux,
Contre tant d'innocens exercer son courroux?

NATALIE.

Sans m'émouuoir, helas! le Ciel sçait si tes armes
Versoient iamais de sang, sans me tirer des larmes;
Ie m'en émeus assez; mais eussay-je esperé
De reprimer la soif d'vn Lyon alteré?
De contenir vn fleuue inondant vne terre,
Et d'arrester dans l'air la cheute d'vn tonnerre?
J'ay failly toutesfois, i'ay deu parer tes coups,
Ma crainte fut coupable, autant que ton couroux;
Partageons donc la peine, aussi bien que les crimes,
Si ces fers te sont deubs, ils me sont legitimes,

Tous deux dignes de mort, & tous deux resolus,
Puis que nous voicy joints, ne nous separons plus;
Qu'aucun tēps, qu'aucun lieu, iamais ne nous diuisent,
Vn supplice, vn cachot, vn Iuge, nous suffisent.

ADRIAN.

Par vn ordre celeste, aux mortels inconnu,
Chacun part de ce lieu, quand son temps est venu;
Suy cet ordre sacré, que rien ne doit confondre,
Lors que Dieu nous appelle, il est temps de répondre:
Ne pouuant auoir part en ce combat fameux,
Si mon cœur au besoin ne répond à mes vœux;
Merite, en m'animant, ta part de la Couronne,
Qu'en l'Empire eternel, le martyre nous donne;
Au defaut du premier, obtiens le second rang,
Acquiers par tes souhaits, ce qu'on nie à ton sang,
Et dedans le peril, m'assiste en cette guerre.

NATALIE.

Bien donc, choisi le Ciel, & me laisse la Terre.
Pour ayder ta constance, en ce pas perilleux,
Ie te suiuray par tout, & jusques dans les feux;
Heureuse, si la Loy qui m'ordonne de viure,
Iusques au Ciel enfin me permet de te suiure;
Et si de ton Tyran le funeste courroux
Passe jusqu'à l'Espouse, ayant meurtry l'Espoux.

Tes gens me rendront bien ce fauorable office,
De garder qu'à mes soins Cesar ne te rauisse,
Sans en apprendre l'heure, & m'en donner aduis;
Et bien-tost de mes pas, les tiens seront suiuis;
Bien-tost.....

ADRIAN.

Espargne leur cette inutile peine,
Laisse m'en le soucy, leur veille seroit vaine;
Ie ne partiray point de ce funeste lieu,
Sans ton dernier baiser, & ton dernier adieu;
Laisses-en sur mon soin reposer ton attente.

SCENE VI.

FLAVIE, GARDES, ADRIAN, NATALIE.

FLAVIE.

AVx desseins importans, qui craint impatiente;
Et bien qu'obtiendrons-nous? vos soins officieux,
A vostre Espoux aueugle, ont-ils ouuert les yeux?

NATALIE.

Nul interest humain, nul respect ne le touche;
Quand i'ay voulu parler, il m'a fermé la bouche;

Et

Et deteſtant les Dieux, par vn long entretien,
A voulu m'engager dans le culte du ſien;
Enfin, ne tentez plus vn deſſein impoſſible,
Et gardez que heurtant ce cœur inacceſſible,
Vous ne vous y bleſſiez, penſant le ſecourir,
Et ne gagniez le mal, que vous voulez guerir;
Ne vueilliez point ſon bien à voſtre prejudice,
Souffrez, ſouffrez pluſtoſt, que l'obſtiné periſſe;
Rapportez à Ceſar noſtre inutile effort;
Et ſi la Loy des Dieux fait conclure à ſa mort,
Que l'effet prompt & court en ſuiue la menace,
I'implore ſeulement cette derniere grace;
Si de plus doux ſuccés n'ont ſuiuy mon eſpoir,
I'ay l'aduantage au moins d'auoir fait mon deuoir.

FLAVIE.

O vertu ſans égale, & ſur toutes inſigne!
O d'vne digne Eſpouſe, Eſpoux ſans doute indigne!
Auec quelle pitié le peut-on ſecourir,
Si ſans pitié de ſoy, luy meſme il veut perir?

NATALIE.

Allez; n'eſperez pas que ny force ny crainte
Puiſſent rien, où mes pleurs n'ont fait aucune atteinte;
Ie connois trop ſon cœur, i'en ſçay la fermeté,
Incapable de crainte & de legereté;

H

A regret contre luy ie rends ce témoignage,
Mais l'interest du Ciel à ce deuoir m'engage;
Encor vn coup, cruel, au nom de noftre amour,
Au nom fainct & facré de la celefte Cour,
Reçoy de ton Efpoufe vn confeil falutaire,
Detefte ton erreur, rends-toy le Ciel profpere;
Songe & propofe toy, que tes trauaux prefens,
Comparez aux futurs, font doux, ou peu cuifans!
Voy combien cette mort importe à ton eftime!
D'où tu forts, où tu vas, & quel objet t'anime!

ADRIAN.

Mais toy, contien ton zele, il m'eft affez connu;
Et fonge que ton temps n'eft pas encor venu;
Que ie te vais attendre à ce port defirable;
Allons, executez le decret fauorable,
Dont i'attends mon falut, plûtoft que le trépas.

FLAVIE le liurant au Geolier, & s'en allant.

Vous en eftes coupable, en ne l'éuitant pas.

SCENE VII.

NATALIE seule.

I'Ose à present, ô Ciel, d'vne veuë asseurée,
Contempler less brillans de ta voûte azurée;
Et nier ces faux Dieux, qui n'ont iamais foulé
De ce Palais roullant, le lambris étoillé.
A ton pouuoir, Seigneur, mon Espoux rend hommage;
Il professe ta Foy, ses fers t'en sont vn gage;
Ce redoutable fleau des Dieux sur les Chrestiens,
Ce Lyon alteré du sacré sang des tiens,
Qui de tant d'innocens crût la mort legitime,
De Ministre qu'il fut, s'offre enfin pour victime;
Et patient Agneau, tend à tes ennemis
Vn col à ton sainct joug heureusement soûmis.
Rompons, apres sa mort, nostre honteux silence;
De ce lâche respect, forçons la violence;
Et disons aux Tyrans, d'vne constante voix,
Ce qu'à Dieu, du penser nous auons dit cent fois.
Donnons air au beau feu dont nostre ame est pressée;
En cette illustre ardeur, mille m'ont deuancée;

H ij

D'obstacles infinis, mil ont sçeu triomfer,
Cecile des tranchants, Prisque des dents de fer,
Fauste des plombs boüillans, Dipne de sa Noblesse,
Agathe de son sexe, Agnés de sa jeunesse,
Tecle de son Amant, & toutes du trépas;
Et ie repugnerois à marcher sur leurs pas !   Elle r'entre.

SCENE VIII.

GENEST, DIOCLETIAN, MAXIMIN, &c.

GENEST.

S Eigneur, le bruit confus d'vne foule importune,
De gens qu'à vostre suitte attache la fortune,
Par le trouble où nous met cette incommodité,
Altere les plaisirs de vostre Majesté,
Et nos Acteurs confus de ce desordre extréme.....

DIOCLETIAN se leuant, auec toute la Cour.

Il y faut donner ordre, & l'y porter nous-mesme.
De vos Dames, la jeune & courtoise beauté,
Vous attire toûjours cette importunité.

Fin du Troisiéme Acte.

ACTE IV.

SCENE PREMIERE.

DIOCLETIAN, MAXIMIN, VALERIE,
CAMILLE, PLANCIEN, GARDES,
deſcendans du Theatre.

VALERIE à Diocletian.

*V*Oſtre ordre a mis le calme, & dedans le ſilence
De ces irreuerens, contiendra l'inſolence.

DIOCLETIAN.

*Eſcoutons ; car Geneſt dedans cette action,
Paſſe aux derniers efforts de ſa Profeſſion.*

SCENE II.

ADRIAN, FLAVIE, GARDES, DIOCLETIAN,
MAXIMIN, VALERIE, CAMILLE,
PLANCIEN, SVITE DE GARDES.

FLAVIE.

SI le Ciel, Adrian, ne t'eſt bien-toſt propice,
D'vn infaillible pas tu cours au precipice;
I'auois veu, par l'eſpoir d'vn proche repentir,
De Ceſar irrité, le courroux s'allentir;
Mais quand il a connu nos prieres, nos peines,
Les larmes de ta femme, & ſon attente vaines;
(L'œil ardent de colere, & le teint paliſſant,)
Amenez (a-t'il dit d'vn redoutable accent)
Amenez ce perfide, en qui mes bons offices,
Rencontrent aujourd'huy le plus lâche des vices;
Et que l'ingrat apprenne à quelle extrémité
Peut aller la fureur d'vn Monarque irrité.
Paſſant de ce diſcours, s'il faut dire à la rage,
Il inuente, il ordonne, il met tout en vſage;

Et fi le repentir de ton aueugle erreur
N'en détourne l'effet, & n'éteint fa fureur.

ADRIAN.

Que tout l'effort, tout l'art, toute l'adreffe humaine,
S'uniffe pour ma perte, & confpire à ma peine;
Celuy qui d'un feul mot crea châque Element,
Leur donnant l'action, le poids, le mouuement,
Et preftant fon concours à ce fameux ouurage,
Se retint le pouuoir d'en fufpendre l'ufage;
Le feu ne peut brûler, l'air ne fçauroit mouuoir,
Ny l'eau ne peut couler, qu'au gré de fon pouuoir;
Le fer, folide fang des veines de la terre,
Et fatal inftrument des fureurs de la guerre,
S'émouffe, s'il l'ordonne, & ne peut penetrer,
Où fon pouuoir s'oppofe, & luy defend d'entrer:
Si Cefar m'eft cruel, il me fera profpere,
C'eft luy que ie foûtiens, c'eft en luy que i'efpere;
Par fon foin tous les jours, la rage des Tyrans,
Croit faire des vaincus, & fait des Conquerans.

FLAVIE.

Souuent en ces ardeurs la mort qu'on fe propofe,
Ne femble qu'un ébat, qu'un fouffle, qu'une rofe;
Mais quãd ce Sceptre affreux fous un front inhumain,
Les tenailles, les feux, les haches à la main,

Commence à nous paroiſtre, & faire ſes approches;
Pour ne s'effrayer pas, il faut eſtre des roches;
Et noſtre repentir, en cette occaſion,
S'il n'eſt vain, pour le moins tourne à confuſion.

ADRIAN.

I'ay contre les Chreſtiens ſeruy long-temps vos haines,
Et i'appris leur conſtance, en ordonnant leurs peines.
Mais auant que Ceſar ait prononcé l'Arreſt,
Dont l'execution me treuuera tout preſt,
Souffrez que d'vn adieu i'acquitte ma promeſſe,
A la chere moitié que Dieu veut que ie laiſſe;
Et que pour dernier fruict de noſtre chaſte amour,
Ie prenne congé d'elle, en le prenant du jour.

FLAVIE.

Allons, la pieté m'oblige à te complaire;
Mais ce retardement aigrira ſa colere.

ADRIAN.

Le temps en ſera court, deuancez moy d'vn pas.

FLAVIE.

Marchons, le zele ardent qui ſe porte au trépas,
Nous eſt de ſa perſonne vne aſſez ſeure garde.
                                        VN GARDE.

VN GARDE.

Qui croit vn prisonnier, toutefois le hazarde.

ADRIAN.

Mon ardeur & ma foy me gardent seurement ;
N'auancez rien qu'vn pas, ie ne veux qu'vn moment.

Ils s'en vont.

SCENE III.

ADRIAN seul continuë.

MA chere Natalie, auec quelle allegresse
Verras-tu ma visite acquitter ma promesse !
Combien de saincts baisers ! combien d'embrassemens,
Produiront de ton cœur les secrets mouuemens !
Prens ma sensible ardeur, prens conseil de ma flâme,
Marchons asseurément sur les pas d'vne femme ;
Ce sexe qui ferma, r'ouurit depuis les Cieux ;
Les fruits de la vertu sont par tout precieux ;
Ie ne puis souhaiter de guide plus fidelle ;
J'approche de la porte, & l'on ouure, c'est elle.

I

SCENE IV.

NATALIE, ADRIAN.

ADRIAN la voulant embraffer.

ENfin chere moitié....

NATALIE fe retirant, & luy fermant la porte.

Comment, feul, & fans fers ?
Eft-ce là ce Martyr, ce vainqueur des Enfers ?
Dont l'illuftre courage, & la force infinie,
De fes perfecuteurs, brauoient la tyrannie ?

ADRIAN.

Ce foupçon, ma chere ame !

NATALIE.

Apres ta lâcheté,
Va, ne me tiens plus, traiftre, en cette qualité ;
Du Dieu que tu trahis, ie partage l'injure ;
Moy l'ame d'vn Payen ! moy l'ame d'vn parjure !

Moy l'ame d'vn Chreſtien qui renonce à ſa Loy!
D'vn homme enfin ſans cœur, & ſans ame, & ſans foy!

ADRIAN.

Daigne m'entendre vn mot!

NATALIE.

     Ie n'entends plus v. lâche,
Qui dés le premier pas chancelle, & ſe relâche;
Dont la ſeule menace ébranle la vertu,
Qui met les armes bas, ſans auoir combattu;
Et qui s'eſtant fait croire vne inuincible roche,
Au ſeul bruict de l'aſſaut, ſe rend auant l'approche;
Va, perfide, aux Tyrans, à qui tu t'es rendu,
Demander lâchement le prix qui t'en eſt deu;
Que l'Eſpargne Romaine, en tes mains ſe deſſerre;
Exclus des biens du Ciel, ſonge à ceux de la Terre;
Mais parmy ſes honneurs, & ſes rangs ſuperflus,
Compte moy pour vn bien, qui ne t'appartient plus.

ADRIAN.

Ie ne te veux qu'vn mot; accorde ma priere.

NATALIE.

Ha! que de ta priſon n'ay-je eſté la Geoliere!

          I ij

J'aurois souffert la mort, auant ta liberté ;
Traiftre, qu'efperes-tu de cette lâcheté ?
La Cour s'en raillera ; ton Tyran, quoy qu'il die,
Ne fçauroit en ton cœur prifer ta perfidie ;
Les Martyrs animez d'vne faincte fureur,
En rougiront de honte, & fremiront d'horreur ;
Contre toy dans le Ciel, Chrift arme fa Iuftice ;
Les Miniftres d'Enfer preparent ton fupplice ;
Et tu viens, rejetté de la Terre & des Cieux,
Pour me perdre auec toy, chercher grace en ces lieux ?

Elle fort furieufe, & dit en s'en allant.

Que feray-je, ô Seigneur ! puis-je fouffrir fans peine
L'ennemy de ta gloire, & l'objet de ta haine !
Puis-je viure, & me voir en ce confus eftat,
De la Sœur d'vn Martyr, femme d'vn Apoftat ?
D'vn ennemy de Dieu, d'vn lâche, d'vn infame ?

ADRIAN.

Ie te vais détromper ; où cours-tu, ma chere ame ?

NATALIE.

Rauir dans ta prifon, d'vne mâle vigueur,
La Palme qu'aujourd'huy tu perds, faute de cœur ;

Y joindre les Martyrs, & d'vne saincte audace,
Remplir chez eux tonrang, & combattre en ta place;
Y cueillir les lauriers, dont Dieu t'eut couronné;
Et prendre au Ciel le lieu qui t'estoit destiné.

ADRIAN.

Pour quelle défiance alteres-tu ma gloire ?
Dieu toûjours en mon cœur conserue sa victoire;
Il a receu ma foy, rien ne peut l'ébranler,
Et ie cours au trépas, bien loin d'en reculer;
Seul, sans fers, mais armé d'vn inuincible zele,
Ie me rends au combat où l'Empereur m'appelle;
Mes Gardes vont deuant, & ie passe en ce lieu
Pour te tenir parole, & pour te dire adieu;
M'auoir osté mes fers, n'est qu'vne vaine adresse
Pour me les faire craindre, & tenter ma foiblesse;
Et moy, pour tout effet de ce soulagement,
J'attends le seul bon-heur de ton embrassement.
Adieu, ma chere sœur, illustre & digne femme,
Ie vais par vn chemin d'épines & de flâme;
Mais qu'auparauant moy, Dieu luy-mesme a battu,
Te retenir vn lieu, digne ta vertu.
Adieu, quand mes Bourreaux exercceront leur rage,
Implore moy du Ciel, la grace & le courage,
De vaincre la Nature en cet heureux malheur,
Auec vne constance égale à ma douleur.

NATALIE l'embraſſant.

Pardonne à mon ardeur, cher & genereux Frere,
L'injuſte impreſſion d'vn ſoupçon temeraire,
Qu'en l'apparent eſtat de cette liberté,
Sans Gardes & ſans fers, tu m'auois ſuſcité :
Va, ne relâche rien de cette ſaincte audace,
Qui te fait des Tyrans mépriſer la menace ;   *[toy ;*
Quoy qu'vn Grãd t'entreprenne, vn plus Grãd eſt pour
Vn Dieu te ſoûtiendra, ſi tu ſoûtiens ſa Foy.
Cours, genereux Athlete, en l'illuſtre carriere,
Où de la nuict du Monde, on paſſe à la lumiere ;
Cours, puis qu'vn Dieu t'apelle aux pieds de ſon Autel,
Dépoüiller, ſans regret, l'homme infirme & mortel ;
N'épargne point ton ſang en cette ſaincte guerre ;
Prodigues y ton corps, rends la Terre à la Terre ;
Et redonne à ton Dieu, qui ſera ton appuy,
La part qu'il te demande, & que tu tiens de luy ;
Fuy ſans regret le monde, & ſes fauſſes delices,
Où les plus innocens, ne ſont point ſans ſupplices,
Dont le plus ferme eſtat eſt toûjours inconſtant,
Dõt l'eſtre, & le non eſtre, ont preſque vn méme inſtãt ;
Et pour qui toutefois, la Nature aueuglée,
Inſpire à ſes Enfans vne ardeur déreglée,
Qui les fait ſi ſouuent, au peril du trépas,
Suiure la vanité de ſes trompeurs appas.

Ce qu'vn fiecle y produit , vn moment le confomme ;
Porte les yeux plus haut , *Adrian* , parois homme ;
Cõbats , fouffre , & t'acquiers , en mourãt en Chreftien,
Par vn moment de mal, l'eternité d'vn bien.

ADRIAN.

Adieu , ie cours , ie vole au bon-heur qui m'arriue ;
L'effet en eft trop lent, l'heure en eft trop tardiue ;
L'ennuy feul que i'emporte , ô genereufe Sœur,
Et qui de mon attente , altere la douceur ;
Eft, que la Loy contraire au Dieu que ie profeffe ,
Te priue par ma mort, du bien que ie te laiffe ;
Et l'acquerant au fifc , ofte à ton noble fang ,
Le foûtien de fa gloire , & l'appuy de fon rang.

NATALIE.

Quoy, le vol que tu prends vers les celeftes pleines ,
Souffre encor tes regards fur les chofes humaines ?
Si dépoüillé du Monde , & fi preft d'en partir,
Tu peux parler en Homme , & non pas en Martyr ?
Qu'vn fi foible intereft ne te foit point fenfible ,
Tiens au Ciel, tiens à Dieu, d'vne force inuincibles
Confeiue moy ta gloire , & ie me puis vanter
D'vn Trefor precieux , que rien ne peut m'ofter.
Vne femme poffede vne richeffe extrème ,
Qui poffede vn Efpoux , poffeffeur de Dieu même ;

Toy, qui de ta doctrine aßiste les Chrestiens,
Approche, cher Anthyme, & joins tes vœux aux miẽs.

SCENE V.

ANTHYME, ADRIAN, NATALIE.

ANTHYME.

Vn bruit qui par la Ville a frappé mon oreille,
De ta conuerſion m'apprennant la merueille,
Et le noble mépris que tu faits de tes jours,
M'amene à ton combat, plûtoſt qu'à ton ſecours;
Je ſçay combien Ceſar t'eſt vn foible aduerſaire,
Je ſçay ce qu'vn Chreſtien ſçait & ſouffrir & faire;
Et ie ſçay que iamais pour la peur du trépas,
Vn cœur touché de Chriſt, n'a rebrouſſé ſes pas.
Va donc, heureux amy, va preſenter ta teſte,
Moins au coup qui t'atẽd, qu'au laurier qu'õ t'apreſte;
Va, de tes ſaincts propos éclorre les effets,
De tous les chœurs des Cieux, va remplir les ſouhaits;
Et vous, Hoſtes du Ciel, ſainctes legions d'Anges,
Qui du nom trois fois ſainct, celebrez les loüanges,

Sans

Sans interruption de vos sacrez concerts,
A son aueuglement, tenez les Cieux ouuerts.

ADRIAN.

Mes vœux arriueront à leur comble supréme,
Si lauant mes pechez de l'eau du sainct Baptesme,
Tu m'enrolles au rang de tant d'heureux soldats,
Qui sous mesme estendart ont rendu des combats;
Confirme, cher Anthyme, auec cette eau sacrée,
Par qui presque en tous lieux la Croix est arborée,
En ce fragile sein, le projet glorieux,
De combattre la Terre, & conquerir les Cieux.

ANTHYME.

Sans besoin, Adrian, de cette eau salutaire,
Ton sang t'imprimera ce sacré caractere;
Conserue seulement vne inuincible foy;
Et combattant pour Dieu, Dieu combattra pour toy.

ADRIAN regardant le Ciel, & resvant vn peu
long-temps, dit enfin.

Ha, Lentule! en l'ardeur dont mon ame est preßée,
Il faut leuer le masque, & t'ouurir ma pensée;
Le Dieu que i'ay haï, m'inspire son amour,
Adrian a parlé, Genest parle à son tour!

K.

Ce n'est plus Adrian, c'est Genest qui respire,
La grace du Baptesme, & l'honneur du Martyre;
Mais Christ n'a point commis à vos profanes mains,
Ce seau mysterieux, dont il marque ses Saints;
Vn Ministre celeste, auec vne eau sacrée,
Pour lauer mes forfaits, fend la voute azurée;
Sa clarté m'enuironne, & l'air de toutes parts,
Resonne de concerts, & brille à mes regards;
Descens, celeste Acteur; tu m'attends! tu m'appelles!
Attens, mon zele ardent me fournira des aisles;
Du Dieu qui t'a commis, départs moy les bontez.

M A R C E L E, qui representoit Natalie.

Ma replique a manqué, ces vers sont adjoûtez.

L E N T V L E, qui faisoit Anthyme.

Il les fait sur le champ; & sans suiure l'Histoire,
Croit couurir en r'entrant son defaut de memoire.

D I O C L E T I A N.

Voyez auec quel art, Genest sçait aujourd'huy,
Passer de la figure, aux sentimens d'autruy.

V A L E R I E.

Pour tromper l'auditeur, abuser l'Acteur mesme,
De son mestier, sans doute, est l'adresse supreme.

SCENE VI.

FLAVIE, GARDES, MARCELE, LENTVLE, DIOCLETIAN, &c.

FLAVIE.

CE moment dure trop, treuuons-le promptement;
Cefar nous voudra mal de ce retardement;
Ie fçay fa violence, & redoute fa haine.

VN SOLDAT.

Ceux qu'on mande à la mort, ne marchēt pas fans peine.

MARCELE.

Cet homme fi celebre en fa profeßion,
Geneft, que vous cherchez, a troublé l'action;
Et confus qu'il s'eft veu, nous a quitté la place.

FLAVIE, qui eft Sergefte.

Le plus heureux, par fois, tombe en cette difgrace;
L'ardeur de reüßir, le doit faire excufer.

CAMILLE riant à Valerie.

Comme fon art, Madame, a feeu les abufer!

K ij

SCENE VII·

GENEST, SERGESTE, LENTVLE, MARCELE, GARDES, DIOCLETIAN, VALERIE, &c.

GENEST regardant le Ciel, le chappeau
à la main.

SVpréme Majesté, qui jettez dans les ames,
Auec deux gouttes d'eau, de si sensibles flâmes!
Acheue tes bontez, represente auec moy,
Les saincts progrés des cœurs conuertis à ta Foy!
Faisons voir dans l'amour, dont le feu nous consomme,
Toy le pouuoir d'vn Dieu, moy le deuoir d'vn Homme;
Toy l'accueil d'vn vainqueur, sensible au repentir,
Et moy, Seigneur, la force & l'ardeur d'vn Martyr.

MAXIMIN.

Il feint comme animé des graces du Baptesme.

VALERIE.

Sa feinte passeroit pour la verité mesme.

PLANCIEN.

Certes, ou ce spectacle est vne verité,
Ou iamais rien de faux ne fut mieux imité.

GENEST.

Et vous, chers compagnons de la basse fortune,
Qui m'a rendu la vie auecque vous commune ;
Marcele, & vous Sergeste, auec qui tant de fois,
I'ay du Dieu des Chrestiens scandalisé les Loix ;
Si ie puis vous prescrire vn aduis salutaire,
Cruels, adorez en jusqu'au moindre mystere,
Et cessez d'attacher auec de nouueaux clouds,
Vn Dieu, qui sur la Croix daigne mourir pour vous ;
Mon cœur illuminé d'vne grace celeste.....

MARCELE.

Il ne dit pas vn mot du couplet qui luy reste.

SERGESTE.

Comment, se preparant auecque tant de soin ....

LENTVLE regardant derriere la tapisserie.

Hola, qui tient la piece ?

GENEST.
            Il n'en est plus besoin.

Dedans cette action, où le Ciel s'intereſſe,
Un Ange tient la Piece, vn Ange me r'adreſſe;
Vn Ange par ſon ordre, a comblé mes ſouhaits,
Et de l'eau du Bapteſme, effacé mes forfaits;
Ce monde periſſable, & ſa gloire friuole,
Eſt vne Comedie où i'ignorois mon roole;
I'ignorois de quel feu mon cœur deuoit brûler,
Le Demon me dictoit, quand Dieu vouloit parler;
Mais depuis que le ſoin d'vn eſprit Angelique,
Me conduit, me r'adreſſe, & m'apprend ma replique,
I'ay corrigé mon roole; & le Demon confus,
M'en voyant mieux inſtruit, ne me ſuggere plus;
I'ay pleuré mes pechez, le Ciel a veu mes larmes,
Dedans cette action, il a treuué des charmes,
M'a départy ſa grace, eſt mon approbateur,
Me propoſe des prix, & m'a fait ſon Acteur.

LENTVLE.

Quoy qu'il manque au ſujet, iamais il ne heſite.

GENEST.

Dieu m'apprend ſur le champ, ce que ie vous recite;
Et vous m'entendez mal, ſi dans cette action,
Mon roole paſſe encor pour vne fiction.

DIOCLETIAN.

Vostre desordre, enfin, force ma patience;
Songez-vous que ce jeu se passe en ma presence?
Et puis-je rien comprendre au trouble où ie vous voy?

GENEST.

Excusez-les, Seigneur, la faute en est à moy,
Mais mon salut dépend de cet illustre crime;
Ce n'est plus Adrian, c'est Genest qui s'exprime;
Ce jeu n'est plus vn jeu, mais vne verité,
Où par mon action ie suis representé,
Où moy-mesme l'objet & l'Acteur de moy-mesme,
Purgé de mes forfaits par l'eau du sainct Baptesme,
Qu'vne celeste main m'a daigné conferer,
Ie professe vne Loy, que ie dois declarer.
Escoutez donc, Cesars, & vous Trouppes Romaines,
La gloire & la terreur des Puissances humaines,
Mais foibles ennemis d'vn pouuoir souuerain,
Qui foule aux pieds l'orgueil & le Sceptre Romain;
Aueuglé de l'erreur dont l'Enfer vous infecte,
Comme vous, des Chrestiens i'ay detesté la secte;
Et (si peu que mon Art pouuoit executer)
Tout mon heur consistoit à les persecuter;
Pour les fuir & chez vous suiure l'idolatrie,
I'ay laissé mes parens, i'ay quitté ma patrie;

Et fait choix à deſſein d'vn Art peu glorieux,
Pour mieux les diffamer, & les rendre odieux ;
Mais par vne bonté qui n'a point de pareille,
Et par vne incroyable & ſoudaine merueille,
Dont le pouuoir d'vn Dieu, peut ſeul eſtre l'autheur,
Ie deuiens leur riual de leur perſecuteur ;
Et ſoùmets à la Loy que i'ay tant reprouuée,
Vne ame heureuſement de tant d'écueils ſauuée ;
Au milieu de l'orage, où m'expoſoit le ſort,
Vn Ange par la main, m'a conduit dans le port ;
M'a fait ſur vn papier voir mes fautes paſſées,
Par l'eau qu'il me verſoit, à l'inſtant effacées ;
Et cette ſalutaire & celeſte liqueur,
Loin de me refroidir, m'a conſommé le cœur ;
Ie renonce à la haine, & deteſte l'enuie,
Qui m'a fait des Chreſtiens, perſecuter la vie ;
Leur creance eſt ma Foy, leur eſpoir eſt le mien,
C'eſt leur Dieu que i'adore, enfin ie ſuis Chreſtien ;
Quelque effort qui s'oppoſe, en l'ardeur qui m'enflâme,
Les intereſts du corps, cedent à ceux de l'ame ;
Déployez vos rigueurs, brûlez, couppez, tranchez,
Mes maux ſeront encor moindres que mes pechez ;
Ie ſçay de quel repos cette peine eſt ſuiuie,
Et ne crains point la mort, qui conduit à la vie ;
I'ay ſouhaité long-temps d'agréer à vos yeux,
Aujourd'huy ie veux plaire à l'Empereur des Cieux ;

Ie

Ie vous ay diuertis, i'ay chanté vos loüanges,
Il est temps maintenant de réjoüir les Anges,
Il est temps de pretendre à des prix immortels,
Il est temps de passer du Theatre aux Autels ;
Si ie l'ay merité, qu'on me mene au Martyre ;
Mon roole est acheué, ie n'ay plus rien à dire.

DIOCLETIAN.

Ta feinte passe enfin pour importunité.

GENEST.

Elle vous doit passer pour vne verité ?

VALERIE.

Parle-t'il de bon sens ?

MAXIMIN.
Croiray-je mes oreilles !

GENEST.

Le bras qui m'as touché, fait bien d'autres merueilles.

DIOCLETIAN.

Quoy, tu renonces, traistre, au culte de nos Dieux !

GENEST.

Et les tiens aussi faux, qu'ils me sont odieux.

L

Sept d'entr'eux, ne font plus que des lumieres fombres,
Dont la foible clarté perce à peine les ombres;
(Quoy qu'ils trompent encor voftre credulité,)
Et des autres, le nom à peine en eft refté.

DIOCLETIAN fe leuant.

O blafpheme execrable! ô facrilege impie,
Et dont nous répondrons, fi fon fang ne l'expie!
Prefeft, prenez ce foin, & de cet infolent;
Fermez les aftions par vn afte fanglant;
Qui des Dieux irritez fatisface la haine;
Qui vefcut au Theatre, expire dans la Scene;
Et fi quelqu'autre atteint du mefme aueuglement,
A part en fon forfait, qu'il l'ait en fon tourment.

MARCELE à genoux.

Si la pitié, Seigneur.
                    DIOCLETIAN.
                        La pieté plus forte,
Reprimera l'audace où fon erreur l'emporte.

PLANCIEN.

Repaffant cette erreur d'vn efprit plus remis....

DIOCLETIAN.

Acquittez-vous du foin que ie vous ay commis.

CAMILLE.

Simple, ainſi de Ceſar tu mépriſes la grace!

GENEST.

J'acquiers celle de Dieu.

SCENE VIII·

OCTAVE, LE DECORATEVR, MARCELE, PLANCIEN.

OCTAVE.

Qvel myſtere ſe paſſe?

MARCELE.

L'Empereur abandonne aux rigueurs de la Loy,
Geneſt, qui des Chreſtiens a profeſſé la Foy.

OCTAVE.

Nos prieres, peut-eſtre;

MARCELE.

Elles ont eſté vaines!

S. GENEST,

PLANCIEN.

Gardes?

VN GARDE.

Seigneur?

PLANCIEN.

Menez Geneſt, chargé de chaiſnes,
Dans le fond d'vn cachot attendre ſon arreſt.

GENEST.

On le dé
cend du
Theatre.

Ie t'en rends grace, ô Ciel! allons, me voila preſt;
Les Anges quelque iour, des fers que tu m'ordonnes,
Dans ce Palais d'azur, me feront des Couronnes.

SCENE IX.

PLANCIEN, MARCELE, OCTAVE, SERGESTE, LENTVLE, ALBIN, GARDES, DECORATEVR, & autres aſſiſtans.

PLANCIEN aſſis.

S On audace eſt coupable, autant que ſon erreur,
D'en oz̧er faire gloire, aux yeux de l'Empereur;

1

Et vous, qui sous mesme Art courrez mesme fortune,
Sa foy, comme son Art, vous est-elle commune?
Et comme vn mal, souuent, deuient contagieux?

MARCELE.

Le Ciel m'en garde, helas!

OCTAVE.

M'en preseruent les Dieux!

SERGESTE.

Que plûtost mille morts!

LENTVLE.

Que plûtost mille flâmes!

PLANCIEN à Marcele.

Que representiez vous?

MARCELE.

Vous l'auez veu; les femmes;
Si selon le sujet, quelque déguisement,
Ne m'obligeoit par fois au traueftissement.

PLANCIEN à Octaue.

Et vous?

OCTAVE.

Parfois les Roys, & par fois les Esclaues.

PLANCIEN à Sergeste.

Vous?

SERGESTE.

Les extrauagants, les furieux, les braues.

PLANCIEN à Lentule.

Ce vieillard?

LENTVLE.

Les Docteurs, sans Lettres ny sans Loix,
Par fois les confidents, & les traistres par fois.

PLANCIEN à Albin.

Et toy?

ALBIN Garde.

Les assistans.

PLANCIEN se leuant.

    Leur franchise ingenuë,
En leur naïueté, se produit assez nuë;
Ie plains vostre malheur; mais l'interest des Dieux,
A tout respect humain, nous doit fermer les yeux;
A des crimes, par fois, la grace est legitime,
Mais à ceux de ce genre, elle seroit vn crime;
Et si Genest persiste en son aueuglement,
C'est luy qui veut sa mort, & rend son jugement;
Voyez-le toutefois, & si ce bon office
Le peut rendre luy-mesme à luy-mesme propice,
Croyez qu'auec plaisir ie verray refleurir,
Les membres r'alliez d'vn corps prest à perir.

Fin du Quatriéme Acte.

ACTE V.

SCENE PREMIERE.

GENEST feul dans la prifon, auec
des fers.

AR quelle diuine aduanture,
Senfible & faincte volupté,
Effay de la gloire future,
Incroyable felicité;
Par quelles bontez fouueraines,
Pour confirmer nos faincts propos,
Et nous conferuer le repos,
Sous le lourd fardeau de nos chaifnes;
Defcends-tu des celeftes plaines,
Dedans l'horreur de nos cachots?

S. GENEST,

O fauſſe volupté du monde,
Vaine promeſſe d'vn trompeur !
Ta bonace la plus profonde,
N eſt iamais ſans quelque vapeur ;
Et mon Dieu, dans la peine meſme,
Qu'il veut que l'on ſouffre pour luy,
Quand il daigne eſtre noſtre appuy,
Et qu'il reconnoiſt que l'on l'aime,
Influë vne ùouceur extréme,
Sans meſlange d'aucun ennuy.

Pour luy la mort eſt ſalutaire ;
Et par cet acte de valeur,
On fait vn bon-heur volontaire,
D'vn inéuitable malheur ;
Nos jours n'ont pas vne heure ſeure ;
Châque inſtant vſe leur flambeau,
Châque pas nous meine au tombeau ;
Et l'Art imitant la Nature,
Bâtit d'vne meſme figure,
Noſtre biere, & noſtre berceau.

Mourons donc, la cauſe y conuie ;
Il doit eſtre doux de mourir,
Quand ſe dépoüiller de la vie,
Eſt trauailler, pour l'acquerir ;

Puis

Puis que la celeste lumiere
Ne se treuue qu'en la quittant,
Et qu'on ne vainc qu'en combattant;
D'vne vigueur masle & guerriere,
Courons au bout de la carriere,
Où la Couronne nous attend.

SCENE II.

MARCELE, LE GEOLIER, GENEST.

LE GEOLIER à Marcele.

E Ntrez.

MARCELE.

Et bien, Genest, cette ardeur insensée,
Te dure-t'elle encore, ou t'est-elle passée?
Si tu ne faits pour toy, si le iour ne t'est cher,
Si ton propre interest ne te sçauroit toucher;
Nous osons esperer, que le nostre possible,
En cette extremité, te sera plus sensible,
Que t'estant si cruel, tu nous seras plus doux,
Et qu'obstiné pour toy, tu flechiras pour nous

iij

Si tu nous dois cherir, c'est en cette occurrence,
Car separez de toy, quelle est nostre esperance?
Par quel fort pouuons-nous suruiure ton trépas?
Et que peut plus vn corps, dont le chef est à bas?
Ce n'est que de tes jours, que dépend nostre vie,
Nous mourrons tous du coup qui te l'aura rauie;
Tu seras seul coupable; & nous tous en effet,
Serons punis d'vn mal, que nous n'aurons point fait.

GENEST.

Si d'vn heureux aduis, vos esprits font capables,
Partagez ce forfait, rendeZ-vous en coupables;
Et vous reconnoiſtrez, s'il est vn heur plus doux,
Que la mort, qu'en effet ie vous souhaitte à tous.
Vous mourriez, pour vn Dieu, dont la bonté supréme,
Vous faisant en mourant détruire la mort méme,
Feroit l'eternité, le prix de ce moment,
Que i'appelle vne grace, & vous vn châtiment.

MARCELE.

O ridicule erreur! de vanter la puiſſance
D'vn Dieu, qui dône aux siens la mort pour recôpense!
D'vn imposteur, d'vn fourbe, & d'vn Crucifié!
Qui l'a mis dans le Ciel? qui l'a Deïfié?
Vn nombre d'ignorants, & de gens inutiles?
De mal-heureux, la lie & l'opprobre des Villes?

De femmes & d'enfans, dont la credulité,
S'eft forgée à plaifir vne Diuinité ?
De gens, qui dépourueus des biens de la fortune,
Treuuant dans leur malheur la lumiere importune,
Sous le nom des Chreftiens, font gloire du trépas,
Et du mépris des biens, qu'ils ne poffedent pas ?
Perdent l'ambition, en perdant l'efperance,
Et fouffrent tout du fort, auec indifference !
De là naift le defordre épars en tant de lieux,
De là naift le mépris, & des Roys & des Dieux,
Que Cefar irrité, reprime auec Juftice,
Et qu'il ne peut punir d'vn trop rude fupplice ;
Si ie t'oze parler d'vn efprit ingenu,
Et fi le tien, Geneft, ne m'eft point inconnu ;
D'vn abus fi groffier, tes fens font incapables,
Tu te ris du vulgaire, & luy laiffes fes fables ;
Et pour quelque fujet, mais qui nous eft caché,
A ce culte nouueau, tu te feints attaché ;
Peut-eftre que tu plains ta jeuneffe paffée,
Par vne ingratte Cour, fi mal recompenfée ;
Si Cefar en effet eftoit plus genereux,
Tu l'as affez fuiuy, pour eftre plus heureux ;
Mais dans toutes les Cours cette plainte eft commune,
Le merite bien tard y treuue la fortune ;
Les Roys ont ce penfer inique & rigoureux,
Que fans nous rien deuoir, nous deuons tout pour eux ;

M ij

Et que nos vœux, nos soins, nos loisirs, nos personnes,
Sont de legers tributs, qui suiuent leurs Couronnes.
Nostre mestier sur tout, quoy que tant admiré,
Est l'Art où le merite est moins consideré. [remede?
Mais peut-on qu'en souffrant, vaincre vn mal sans
Qui se sçait moderer, s'il veut tout luy succede;
Pour obtenir nos fins, n'aspirons point si haut,
A qui le desir manque, aucun bien ne defaut;
Si de quelque besoin ta vie est trauersée,
Ne nous épargne point, ouure nous ta pensée;
Parle, demande, ordonne, & tous nos biens sont tiens;
Mais quel secours, helas! attends-tu des Chrestiens?
Le rigoureux trépas, dont Cesar te menace?
Et nostre inéuitable & commune disgrace?

GENEST.

Marcele, (auec regret) i'espere vainement
De répandre le jour sur vostre aueuglement;
Puis que vous me croyez l'ame assez raualée,
(Dans les biens infinis dont le Ciel l'a comblée,)
Pour tendre à d'autres biens, & pour s'embarrasser,
D'vn si peu raisonnable & si lâche penser.
Non, Marcele, nostre Art n'est pas d'vne importance,
A m'en estre promis beaucoup de recompense;
La faueur d'auoir eu des Cesars pour témoins,
M'a trop acquis de gloire, & trop payé mes soins;

Nos vœux, nos paßions, nos veilles & nos peines,
Et tout le sang enfin qui coule de nos veines,
Sont pour eux des tributs de devoir & d'amour,
Où le Ciel oblige, en nous donnant le jour;
Comme außi i'ay toûjours, depuis que ie reſpire,
Fait des vœux pour leur gloire & pour l'heur de l'Em-
Mais où ie voy s'agir de l'intereſt d'vn Dieu, [pire;
Bien plus grand dans le Ciel, qu'ils ne ſont en ce lieu;
De tous les Empereurs, l'Empereur & le Maiſtre,
Qui ſeul me peut ſauuer, comme il m'a donné l'eſtre;
Ie ſoûmets juſtement leur Trône à ſes Autels,
Et contre ſon honneur, ne dois rien aux mortels.
Si mépriſer leurs Dieux, eſt leur eſtre rebelle,
Croyez qu'auec raiſon ie leur ſuis infidelle;
Et que loin d'excuſer cette infidelité,
C'eſt vn crime innocent dont ie fais vanité.
Vous verrez ſi ces Dieux de metail & de pierre,
Seront puiſſants au Ciel, comme on les croit en terre;
Et s'ils vous ſauueront de la juſte fureur,
D'vn Dieu, dont la creance y paſſe pour erreur.
Et lors ces malheureux, ces opprobres des Villes,
Ces femmes, ces enfans, & ces gens inutiles,
Les ſectateurs enfin de ce Crucifié,
Vous diront ſi ſans cauſe ils l'ont Deïfié.
T'a grace peut, Seigneur, détourner ce preſage!
Mais helas! tous l'ayant, tous n'en ont pas l'vſage:

De tant de conuiez, bien peu fuiuent tes pas,
Et pour eftre appellez, tous ne répondent pas.

MARCELE.

Cruel, puis qu'à ce poinct cette erreur te poffede,
Que ton aueuglement eft vn mal fans remede;
Trompant au moins Cefar, appaife fon courroux;
Et fi ce n'eft pour toy, conferue toy pour nous;
Sur la foy d'vn Dieu, fondant ton efperance,
A celle de nos Dieux, donne au moins l'apparence;
Et finon fous vn cœur, fous vn front plus foûmis,
Obtien pour nous ta grace, & vy pour tes amis.

GENEST.

Noftre foy n'admet point cet acte de foibleffe;
Ie la dois publier, puis que ie la profeffe,
Puis-je defanoüer le Maiftre que ie fuy?
Auffi bien que nos cœurs, nos bouches font à luy.
Les plus cruels tourmens n'ont point de violence,
Qui puiffe m'obliger à ce honteux filence.
Pourrois-je encor, helas, apres la liberté
Dont cette ingratte voix l'a tant perfecuté,
Et dont i'ay fait vn Dieu, le joüet d'vn Theatre,
Aux oreilles d'vn Prince, & d'vn Peuple idolâtre,
D'vn filence coupable, auffi bien que la voix,
Deuant fes ennemis, méconnoiftre fes Loix!

MARCELE.

Cefar n'obtenant rien, ta mort fera cruelle.

GENEST.

Mes tourmens feront courts, & ma gloire eternelle.

MARCELLE.

Quand la flâme & le fer paroiftront à tes yeux.

GENEST.

M'ouurant la fepulture, ils m'ouuriront les Cieux.

MARCELE.

O dur courage d'homme!

GENEST.

O foible cœur de femme!

MARCELE.

Cruel, fauue tes jours!

GENEST.

Lâche, fauue ton ame!

MARCELE.

Vne erreur, vn caprice, vne legereté,
Au plus beau de tes ans, te coufter la clarté!

GENEST.

J'auray bien peu vefcu, fi l'âge fe mefure,
Au feul nombre des ans, prefcrit par la Nature;

Mais l'ame qu'au Martyre vn Tyran nous rauit,
Au sejour de la gloire, à jamais se suruit.
Se plaindre de mourir, c'est se plaindre d'estre homme,
Châque jour le détruit, chàque instant le consomme,
Au moment qu'il arriue, il part pour le retour,
Et commence de perdre, en receuant le jour.

MARCELE.

Ainsi rien ne te touche, & tu nous abandonnes.

GENEST.

Ainsi ie quitterois vn Trône & des Couronnes;
Toute perte est legere, à qui s'acquiert vn Dieu.

SCENE III.

LE GEOLIER, MARCELE, GENEST.
LE GEOLIER.

LE Prefect vous demande.

MARCELE.

Adieu cruel.

GENEST.

Adieu.
SCENE V.

SCENE IV·

LE GEOLIER, GENEST.

LE GEOLIER.

SI bien-tost à nos Dieux vous ne rendez hommage,
Vous vous acquittez mal de vostre personnage;
Et ie crains en cet acte vn tragique succez.

GENEST.

Vn fauorable Iuge assiste à mon procez;
Sur ses soins eternels, mon esprit se repose;
Ie m'asseure sur luy du succez de ma cause;
De mes chaisnes, par luy ie seray déchargé,
Et par luy-mesme vn jour, Cesar sera jugé.

Il s'en va auec le Geolier.

N

SCENE V.

DIOCLETIAN, MAMIMIN, Suite de Gardes.

DIOCLETIAN.

PViſſe par cet Hymen, voſtre couche feconde,
Juſques aus derniers téps, dōner des Rois au môdes
Et par leurs actions, ces ſurgeons glorieux,
Meriter, comme vous, vn rang entre les Dieux !
En ce commun bonheur, l'allegreſſe commune,
Marque voſtre vertu, plus que voſtre fortune ;
Et fait voir qu'en l'honneur que ie vous ay rendu,
Ie vous ay moins payé, qu'il ne vous eſtois deu.
Les Dieux, premiers autheurs des fortunes des hōmes,
Qui dedans nos Eſtats, nous font ce que nous ſōmmes ;
Et dont le plus grand Rōy, n'eſt qu'vn ſimple ſujet,
Y doiuent eſtre auſſi noſtre premier objet ;
Et ſçachant qu'en effet ils nous ont mis ſur terre,
Pour conſeruer leurs droicts, pour regir leurs tōnerres,
Et pour laiſſer enfin leur vengeance en nos mains,
Nous deuons ſous leurs Loix, contenir les humains ;
Et noſtre authorité, qu'ils veulent qu'on reuere,
A maintenir la leur, n'eſt iamais trop ſeuere ;

I'esperois cet effet, & que dans ce trépas,
Du reste des Chrestiens, r'adresseroient les pas :
Mais i'ay beau leur offrir de sanglantes hosties,
Et lauer leurs Autels du sang de ces impies ;
En vain i'en ay voulu purger ces regions,
I'en voy du sang d'vn seul, naistre des legions ;
Mon soin nuit plus aux Dieux, qu'il ne leur est vtile,
Vn ennemy défait, leur en reproduit mille ;
Et le caprice est tel, de ces extrauagants,
Que la mort les anime, & les rend arrogants.
Genest, dont cette secte aussi folle que vaine,
A si long-temps esté la risee & la haine,
Embrasse enfin leur Loy contre celle des Dieux,
Et l'oze insolemment professer à nos yeax ;
Outre l'impieté, ce mépris manifeste,
Mesle nostre interest à l'interest Celeste ;
En ce double attentat, que sa mort doit purger,
Nous auons, & les Dieux, & nous mesme à venger.

MAXIMIN.

Ie croy que le Prefect, commis à cet office,
S'attend aussi d'en faire vn public sacrifice ;
D'executer vostre ordre ; & de cet insolent,
Donner ce soir au Peuple vn spectacle sanglant ;
Si déja sur le bois d'vn Theatre funeste,
Il n'a representé l'action qui luy reste.

SCENE VI.

VALERIE, CAMILLE, MARCE·LE Com.
OCTAVE Com. SERGESTE Com. LENTVLE
Com. ALBIN, DIOCLETIAN, MAXIMIN,
Suitte de Gardes.

Tous les Comediens se mettent à genoux.

VALERIE à Diocletian.

SI quand pour moy le Ciel épuise ses biens-faits,
Quand son œil prouident, rit à tous nos soubaits;
I'oze encor esperer que dans cette allegresse,
Vous souffriez, à mon sexe vn acte de foiblesse;
Permettez-moy, Seigneur, de rendre à vos genoux,
Ces gens, qu'en Genest seul vous sacrifiez tous;
Tous ont auersion pour la Loy qu'il embrasse,
Tous sçauent que son crime est indigne de grace;
Mais il est à leur vie, vn si puissant secours,
Qu'ils la perdront du coup qui tranchera ses jours;
M'exauçant, de leur chef vous détournez vos armes;
Ie n'ay pû dénier cet office à leurs larmes;
Où ie n'oze insister, si ma temerité,
Demande vne injustice à vostre Majesté.

DIOCLETIAN.

Ie ſçay que la pitié, plûtoſt que l'injuſtice,
Vous a fait embraſſer ce pitoyable office;
Et dans tout cœur bien né, tiens la compaßion,
Pour les ennemis meſme, vne juſte action;
Mais où l'irreuerence & l'orgueil manifeſte,
Ioint l'intereſt d'Eſtat, à l'intereſt celeſte,
Le plaindre, eſt (au mépris de noſtre authorité)
Exercer la pitié contre la pieté.
C'eſt d'vn bras qui l'irrite, arreſter la tempeſte
Que ſon propre deſſein attire ſur ſa teſte;
Et d'vn ſoin importun, arracher de ſa main,
Le couteau, dont luy-meſme il ſe perce le ſein.

MARCELE.

Ha! Seigneur, il eſt vray; mais de cette tempeſte,
Le coup frappe ſur nous, s'il tombe ſur ſa teſte;
Et le couteau fatal, que l'on laiſſe en ſa main,
Nous aſſaßine tous, en luy perçant le ſein.

OCTAVE.

Si la grace, Seigneur, n'eſt deuë à ſon offence,
Quelque compaßion l'eſt à noſtre innocence.

FLAVIE.

Le fer, qui de ſès ans doit terminer le cours,
Retranche vos plaiſirs, en retranchant ſes jours.

Ie connois son merite, & plains vostre infortune ;
Mais outre que l'injure, auec les Dieux commune,
Interesse l'estat à punir son erreur ;
J'ay pour toute sa secte vne si forte horreur,
Que ie tiens tous les maux qu'ont souffert ses complices,
Ou qu'ils doiuent souffrir pour de trop doux supplices ;
En faueur toutesfois de l'Hymen fortuné,
Par qui tant de bon heur, à Rome est destiné ;
Si par son repentir, fauorable à soy-mesme,
De sa voix sacrilege, il purge le blaspheme,
Et reconnoist les Dieux, Autheurs de l'Vniuers,
Les bras de ma pitié vous sont encor ouuerts ;
Mais voicy le Prefect ; ie crains que son supplice,
N'ait preuenu l'effet de vostre bon office.

SCENE VII.

PLANCIEN, DIOCLETIAN, MAXIMIN, VALERIE, CAMILLE, MARCELE, OCTAVE, &c.

PLANCIEN.

PAR vostre ordre, Seigneur, ce glorieux Acteur,
Des plus fameux Heros, fameux imitateur,

Du Theatre Romain, la splendeur & la gloire,
Mais si mauuais Acteur dedans sa propre Histoire,
Plus entier que iamais en son impieté,
Et par tous mes efforts en vain sollicité,
A du courroux des Dieux, contre sa perfidie,
Par vn Acte sanglant, fermé la Tragedie.

MARCELE pleurant.

Que nous acheuerons, par la fin de nos jours.

OCTAVE.

O fatale nouuelle!

SERGESTE.

O funeste discours!

PLANCIEN.

I'ay joint à la douceur, aux offres, aux prieres,
A si peu que les Dieux m'ont donné de lumieres,
(Voyant que ie tentois d'inutiles efforts)
Tout l'art, dont la rigueur peut tourmenter les corps,
Mais ny les cheualets, ny les lames flambantes,
Ny les ongles de fer, ny les torches ardentes,
N'ont, contre ce rocher, esté qu'vn doux zephir,
Et n'ont pû de son sein arracher vn soûpir,
Sa force, en ce tourment, a paru plus qu'humaine,
Nous souffrions plus que luy, par l'horreur de sa peine,

S. GENEST,
Et nos cœurs detestant ses sentimens Chrestiens,
Nos yeux ont malgré nous fait l'office des siens ;
Voyant la force enfin, comme l'adresse vaine,
J'aymis la Tragedie, à sa derniere Scene ;
Et fait, auec sa teste, ensemble separer,
Le cher Nom de son Dieu, qu'il vouloit proferer.

DIOCLETIAN s'en allant.

Ainsi reçoiue vn prompt & seuere supplice,
Quiconque oze des Dieux irriter la Iustice.

VALERIE à Marcelle.

Vous voyez de quel soin ie vous prestois les mains ;
Mais sa grace n'est plus au pouuoir des humains.

MAXIMIN emmenant Valerie.

'Ne plaignez point, Madame, vn malheur volontaire,
Puis qu'il l'a pû franchir, & s'estre salutaire ;
Et qu'il a bien voulu, par son impieté,
D'vne feinte, en mourant, faire vne verité.

FIN.

www.ingramcontent.com/pod-product-compliance
Lightning Source LLC
Chambersburg PA
CBHW052133090426
42741CB00009B/2062